Claudia Breitsprecher

Bringen Sie doch Ihre Freundin mit!

Gespräche mit lesbischen Lehrerinnen

Krug & Schadenberg

Inhalt

Vorwort 7

Das war durchaus eine verkorkste Situation
Gerda Eschweiler, 68 Jahre 11

Sich selbst nicht zum Problem machen
Martina Böhm, 34 Jahre 31

Heute Nacht träum' ich wieder von ihr
Ines Lobinger, 52 Jahre 48

Exkurs: *Das ist pädagogisch angezeigt –
Lesbische Lehrerinnen in der GEW* 67

Warum schießen die eigentlich gegen mich?
Judith Ellerbrock, 43 Jahre 74

Plötzlich spürte ich, da blüht was auf
Elisabeth Baumgardt, 33 Jahre 87

Hier schlägt mein Herz
Gabi Ollrogge, 40 Jahre, und
Christiane Wosch, 47 Jahre 106

Auweia, die kommt in unser Zimmer!
Regine Straub, 54 Jahre 130

Exkurs: *»Können Lespen glücklich sein?«* –
Die Bildungseinrichtung KomBi   151

Jetzt die Karten auf den Tisch!
Nicole Zülke, 28 Jahre, Katja Hoffmann, 33 Jahre,
Anne Borowski, 26 Jahre   157

Du bist meine erste Frau
Barbara Fischer, 45 Jahre   178

Viel Erfolg bei den Gay Games!
Bettina Lange, 48 Jahre   189

Quellennachweise   207

Nützliche Adressen   208

Die Autorin   210

Vorwort

Die Idee, ein Buch über lesbische Lehrerinnen zu schreiben, wurde vom Verlag Krug und Schadenberg an mich herangetragen. Als ich mich entschied, das Projekt in die Tat umzusetzen, dachte ich unweigerlich an meine eigene Schulzeit zurück. Ich erinnerte mich an Lehrerinnen, von denen ich damals wusste, dass sie lesbisch sind, weil sie es gesagt hatten, und ich erinnerte mich an andere, von denen ich es erst viel später erfuhr, als ich sie in Lesbenbars wiedertraf. Außerdem fiel mir mein Deutschlehrer wieder ein. Er war heterosexuell, verheiratet und sagte immer »hommoerrottisch«, wenn er auf die einzelnen Mitglieder der Familie Mann zu sprechen kam. Er thematisierte das gleichgeschlechtliche Begehren von Thomas, Klaus und Erika ohne Scheu oder Missbilligung, und so habe ich nicht nur über Literatur viel von ihm gelernt. »Ihr könnt alles schreiben«, empfahl er uns regelmäßig im Vorfeld einer Klassenarbeit, »ihr müsst es nur belegen.«

Und so fuhr ich seinen Rat befolgend kreuz und quer durch Deutschland, um lesbische Lehrerinnen zu befragen. Dabei bin ich Frauen in unterschiedlichsten Lebenssituationen begegnet, die an verschiedenen Schultypen arbeiten, die am Anfang ihres beruflichen Werdegangs stehen, sich in der Mitte ihrer Laufbahn befinden oder deren Ende schon erlebt haben, die auf dem Land arbeiten oder in der Großstadt, die in Ost und West, Nord und Süd, in religiös geprägten Gegenden oder in den Hochburgen lesbisch-schwuler Kultur vor der Klasse stehen. In den Interviews berichten sie von ihrem persönlichen Werdegang und von ihrem Stand an der Schule, erläutern An- und Einsichten in Bezug auf den Schulalltag, reden über Hoffnungen, Befürchtungen und ihre Pläne für die Zukunft und erzählen darüber hinaus so manch spannende Anekdote.

Die Frage, ob und wieweit es ratsam ist, sich an der Schule als Lesbe zu outen, zog sich wie ein roter Faden durch alle Gespräche. Weil jede lesbische Lehrerin passend zu ihrer Lebenssituation, zum individuellen Umfeld und zum eigenen Naturell eine andere Antwort darauf findet, war es erforderlich, die Texte zu verfremden, um die Anonymität der Frauen zu wahren. So habe ich in den Interviews Namen, Orte und spezifische Details geändert, Sinn und Gehalt der getroffenen Aussagen bleiben davon jedoch unberührt.

Die Möglichkeit und das Bedürfnis, an der Schule für alle sichtbar als Lesbe in Erscheinung zu treten, aber auch das Wohlbefinden am schulischen Arbeitsplatz ganz allgemein wird maßgeblich beeinflusst von der vorliegenden rechtlichen Situation homosexueller Lehrkräfte und von dem Rückhalt, den sie von Schulleitungen und Personalvertretungen zu erwarten haben. Ebenfalls von großer Bedeutung in diesem Zusammenhang ist die vorherrschende Einstellung der Schülerinnen und Schüler, die vor allem im jugendlichen Alter nicht selten geprägt ist von Vorurteilen, Unwissenheit und einem ausgeprägten Anpassungsdruck in den Jahren der Pubertät. Aus diesem Grund und zur weiteren Information wurden die Interviews durch zwei Texte ergänzt, von denen einer das Gespräch mit zwei Lehrerinnen wiedergibt, die sich im Rahmen gewerkschaftlichen Engagements für die Belange von Lesben und Schwulen in der Schule einsetzen, während der andere eine Einrichtung porträtiert, in der Pädagoginnen und Pädagogen mit Schulkindern ab der 5. Klasse zum Thema Akzeptanz verschiedener, schwerpunktmäßig gleichgeschlechtlicher Lebensweisen arbeiten.

Mit ihren Erzählungen liefern die von mir befragten Lehrerinnen einen sehr persönlichen Einblick in den Alltag derer, die mit ihrem Vorbild und ihren Werten das Verhältnis der kommenden Generation zu häufig diskutierten Themen wie Akzeptanz individueller Verschiedenheit, Vielfalt und Chancengleichheit erheblich prägen. Das vorliegende Buch wird getragen von ihrer Offenheit, bereichert von der Ernsthaftigkeit, mit der sie ihre Gedanken zum Ausdruck bringen, und gekrönt von dem Humor, mit dem sie all die kleinen Begebenheiten kommentieren, die sie im Kontakt mit den Schülerinnen und Schülern, mit dem Kollegium oder auch mit den Eltern der Kinder erlebt haben und immer wieder erleben. Für die Bereitschaft, mir ihre Erfahrungen so ausführlich zu schildern und sie damit künftigen Leserinnen und Lesern zugänglich zu machen, danke ich all meinen Gesprächspartnerinnen, den Lehrerinnen ebenso wie den Befragten der Bildungseinrichtung KomBi, sehr herzlich.

Claudia Breitsprecher im Januar 2007

Wir hätten Vorreiter sein können, aber wir haben den Film nicht richtig gemacht. Heute gäbe es einen Aufschrei, und das ist richtig. Warum soll Martha sagen: ›O mein Gott, was ist mit mir, ich bin so verdorben, ich habe dich ruiniert‹? Sie würde kämpfen für die Liebe, die in ihr keimt. [...] Das überstieg unsere Vorstellungskraft. Audrey und ich haben nie darüber geredet. Ist das nicht merkwürdig?

Shirley MacLaine heute über den Film *Infam*[1]

Das war durchaus eine verkorkste Situation
Gerda Eschweiler, 68 Jahre

Es ist nicht mehr ganz früh am Morgen, als der Zug in Freiburg einfährt, doch die Feuchtigkeit der Nacht hält sich hartnäckig zwischen den herbstlich gefärbten Bäumen, trübt den Blick auf die Weinstöcke der umliegenden Hügel. Ich finde schnell den richtigen Bus zur Weiterfahrt. Die Frau, die in einer modernen Neubausiedlung im Studentenviertel auf mich wartet, hat mir den Weg akribisch genau beschrieben. Bald schon stehe ich vor einem verwinkelten, in kräftigen Farben gestrichenen Gebäude und spüre ein letztes Mal vor dem bevorstehenden Gespräch meinen gemischten Gefühlen nach. Gerda Eschweiler war mir am Telefon mit Skepsis begegnet, als ich sie um das Interview bat. Was denn das Besondere sei an einer lesbischen Lehrerin, hatte sie mich gefragt, das eine habe doch mit dem anderen eigentlich nichts zu tun. Ich versuchte sie von dem Projekt zu überzeugen und spürte dennoch, dass ihre Zweifel nicht wirklich gewichen waren, als wir uns verabredeten. Jetzt aber öffnet sie mir die Tür, und ein waches Augenpaar mustert mich wohlwollend. Ihr Blick ist auf eindringliche Weise interessiert und gleichermaßen scheu. Schnell erkenne ich, dass ihre im Vorfeld geäußerten Bedenken sich nicht in die vor uns liegenden Stunden drängen werden, dass sie bereit ist, meinen Fragen offen zu begegnen. Erleichtert schalte ich das Aufnahmegerät ein und bin gespannt auf die Geschichte, die sie mir erzählen wird.

Gerda Eschweiler ist erst nach ihrer Pensionierung nach Freiburg gezogen, der Liebe wegen, wie sie verschmitzt gesteht. Eigentlich kommt sie eher aus dem nordwestdeutschen Raum; sie ist in Duisburg geboren und hat ihr ganzes Berufsleben lang an einem Gymnasium in Bielefeld unterrichtet, Mathematik und Chemie waren ihre Fächer. Lehrerin war schon ihr Traumberuf gewesen, als sie noch ein Kind war, doch sie musste einen langen und anstrengenden Weg zurücklegen, um ihr Ziel zu erreichen.

Als Gerda sechs Jahre alt ist, sind die Schulen kaputt und die Lehrer an der Front. Ihre Einschulung verzögert sich, und so startet sie schon später als gewöhnlich. Nach den ersten Jahren wechselt sie zunächst auf eine Realschule, denn sie stammt aus einer armen und kinderreichen Familie, und zum nächstgelegenen Gymnasium führt wegen der schlechten Verkehrsverbindungen in den Nachkriegsjahren buchstäblich kein Weg. Als am Ende ihrer Schulzeit alle in ihrer Klasse gebeten werden, ihren Berufswunsch aufzuschreiben, gibt sie dennoch ›Lehrerin‹ an. Ihre Klassenlehrerin nimmt sie daraufhin zur Seite. So blöd sei sie doch nicht, wundert sie sich, Gerda müsse doch wissen, dass sie mit einem Realschulabschluss nicht Lehrerin werden kann. Gerda aber lässt sich nicht beirren. »Da steht Berufs*wunsch*«, beharrt sie nachdrücklich, »da steht nicht, was ich hinterher machen will, da steht *Wunsch*, und mein Berufs*wunsch* ist, Lehrerin zu sein.« Sie legt eine bedeutungsvolle Pause ein und grinst zufrieden, als ihre damaligen Worte im Raum nachklingen.

Die Klassenlehrerin hilft Gerda, ein Hauswirtschaftliches Gymnasium in der Nähe besuchen zu können. Ein Abschluss dort berechtigt sie zwar nicht zu einem Studium an der Universität, wohl aber ermöglicht er es ihr, Volksschullehrerin zu werden. Gerda bereitet sich auf das Abitur vor, und kurz vor den Prüfungen will sie sich an der Pädagogischen Hochschule in Dortmund einschreiben. Sie füllt die Anmeldeformulare aus, doch dann stellt ihr jemand die für sie lebensentscheidende Frage: »Ja, und welches Instrument spielen Sie?« – Gerda schüttelt nur den Kopf, denn sie spielt kein Instrument. – »Dann können Sie nicht Volksschullehrerin werden«, bekommt sie daraufhin zu hören. Sie kauft sich von dem Geld, das sie als Nachhilfelehrerin verdient, eine Gitarre und ein Buch zum Selbststudium. Gitarre spielen sei ganz einfach, hat man ihr gesagt, ein bisschen Klimpern, das sei leicht zu lernen. Sie hebt die Schultern zu einer entschuldigenden Geste. »Ja, und daran bin ich gescheitert.« Sie lacht amüsiert, und der Ton, in dem sie diese Offenbarung äußert, klingt eher triumphierend als bedauernd. Denn so entschließt sie sich stattdessen, nach dem Abschluss am Hauswirtschaftlichen Gymnasium mit Hilfe einer Extraprüfung das richtige Abitur, das zum Studium an der Universität berechtigt, nachzuholen. Dazu muss sie insbesondere eine Prüfung in Mathematik ablegen und eine weitere in Französisch, eine neue Hürde, denn sie hat erst am Hauswirtschaftlichen Gymnasium Französischunterricht erhalten und ist daher viel schlechter als alle anderen in ihrer

Klasse. Um sich nun auf die Prüfung vorzubereiten, geht sie nach Genf, arbeitet dort in einem Haushalt und besucht gleichzeitig Kurse an der Universität, um ihr Französisch zu verbessern. Ich bewundere ihr Durchhaltevermögen, und sie bestätigt mir: Ja, sie sei ein freundlicher Mensch, habe ihre Mutter immer gesagt, aber wenn sie ihren Dickkopf aufsetze, dann könne niemand etwas dagegen tun.

Gerda weiß lange Zeit nicht, dass sie lesbisch ist. Wie viele Frauen ihrer Generation hat sie keine Ahnung, »dass es das gibt.« In dem Französisch-Kurs in Genf trifft sie mit Studierenden aus Afrika und Asien, aus den USA und vielen Ländern Europas zusammen. Ein weiterer Student aus Deutschland spricht sie eines Tages an und rät ihr, sie solle aufpassen, die Professorin, die sie unterrichtet, sei lesbisch. »*Was ist die?*« fragt Gerda erstaunt. Sie kennt das Wort überhaupt nicht, hat wohl schon einmal etwas vom § 175 gehört, »dem Homosexuellenparagraphen«, aber nun wundert sie sich doch: Was ist denn das nun wieder? Der Student erklärt es ihr: Lesbisch sei eine Frau, die Frauen liebt. Und die Professorin habe ein Auge auf Gerda geworfen. »Warum nicht?« entgegnet sie ihm. »So unhübsch bin ich ja auch nicht.« Sie lacht schelmisch und versichert mir: »Aber da war nichts.«

Gerda beginnt das Lehramtsstudium im Alter von 22 Jahren an der Universität in Göttingen. Sie bewohnt ein winziges Zimmer in einem Studentenheim – wenn sie links und rechts die Arme ausbreitet, stößt sie gegen die Wände, die Decke ist schräg, es ist das billigste. Sie studiert lange, hat noch immer Nachholbedarf und weiß am Anfang nicht, ob sie das Studium durchhalten wird. Besonders die Mathematik bereitet ihr Kopfzerbrechen.

Obwohl das Studium ihre ganze Konzentration erfordert, merkt Gerda schon, dass sie sich nicht in Männer verliebt. All ihre Kommilitoninnen haben einen Freund, und sie selbst geht auch tanzen und wird eingeladen, aber sie verliebt sich eben nicht. Das findet sie schade, aber sie denkt dennoch nicht, sie müsse auch einen Freund haben »und den streicheln und küssen und mit dem ins Bett gehen.« Das will sie nicht, und so brütet sie stattdessen über ihren Mathematikaufgaben und sucht nach Lösungen, holt ihren Lernrückstand auf, während die anderen Studentinnen spazieren gehen. Nach sechs Semestern, im Alter von 25 Jahren, macht sie die ersten Prüfungen. »Mit Eins in Mathematik«, sagt sie ganz leise, tatsächlich ist es eher ein Flüstern, das ich gerade noch verstehen kann.

Nach der mühseligen Paukerei beschließt Gerda, sich eine Auszeit zu gönnen. Sie will auch weg aus Göttingen, das ihr kulturell nicht viel zu bieten hat. Schon oft ist sie nach Berlin und Hamburg getrampt, um ins Theater zu gehen, und jetzt zieht es sie in die Großstadt, wo sie sich für das weitere Studium einschreiben, es aber zunächst langsam angehen lassen will. Ihre Wahl fällt auf Hamburg. »Wegen Gustav Gründgens«, erklärt sie mir. Sie habe ihn im Theater gesehen, und das sei entscheidend gewesen. In den Semesterferien des Jahres 1963 kommt sie in der Hansestadt an; kurz darauf erfährt sie, dass Gründgens sich das Leben genommen hat.

Gerda wohnt auch in Hamburg in einem Studentenheim, und hier verliebt sie sich – in Elke, eine Kommilitonin. Es ist ihre erste Liebe, aber Gerda Eschweiler spricht ganz sachlich darüber, fügt lediglich hinzu: »Das wurde dann bemerkt, und ich musste Hamburg verlassen.« Der Druck sei zu groß geworden, nicht offiziell von Seiten der Universität, aber es ging nicht mehr. Was genau nicht mehr ging, will ich wissen, und auch, wo denn der Druck herkam? Meine Fragen lassen sie innehalten. Dann erzählt sie mir die ganze Geschichte, nicht mehr sachlich und abstrakt, sondern leise und laut, aufgeregt und bedauernd.

Bevor Gerda nach Hamburg gegangen war, hatte sie sich mit einer Studienkollegin aus Göttingen für die Ferien zu einem gemeinsamen Urlaub verabredet. Als sie sich dann in Hamburg verliebt, fragt sie diese Frau, ob sie etwas dagegen habe, dass Elke mitfährt. Die Reisepartnerin ist einverstanden; zu dritt machen sie sich mit dem Auto auf den Weg nach Griechenland. Bald schon fällt der früheren Mitstudentin auf, dass zwischen Gerda und Elke mehr als Freundschaft ist, dass sie ein Liebesverhältnis haben. Ihnen gegenüber sagt sie aber den ganzen Urlaub lang nichts, im Gegenteil, nach der Rückkehr übernachten Gerda und Elke sogar noch bei ihr, bevor sie gemeinsam nach Hamburg zurückfahren. Doch kaum haben sie sich in Göttingen verabschiedet, erzählt die Studentin einer anderen von Gerdas Beziehung. Es spricht sich schnell herum, und alle sind entsetzt. Und so steigen Gerdas Göttinger Freundinnen in den nächsten Zug nach Hamburg. Sie klingeln bei Elke, stehen vor der Tür und wollen Gerda mitnehmen, die völlig übertölpelt ist. »Das waren mehr als aufgeschlossene Leute«, staunt sie selbst heute noch. Die wollten ihr etwas Gutes, betont sie, die wollten sie retten. Das sei eben die Zeit gewesen.

Das sei krankhaft, sagen ihr die Frauen. Sie gehen sogar zu einem Arzt, der sie beschwört, schnell zu reagieren. »Solche

Beziehungen zwischen Frauen sind eigentlich sehr intensiv«, doziert er, »da kann man höchstens am Anfang noch was machen.« Wieder wundert sich Gerda und entrüstet sich auch: Selbst ein Arzt habe so etwas gesagt! Als sie nicht gleich mit den sie bedrängenden Freundinnen zurück nach Göttingen gehen will, benachrichtigen diese Elkes Mutter, die sie überhaupt nicht kennen. Die fällt aus allen Wolken, und für sie ist natürlich Gerda diejenige, die ... Gerda lässt den Satz in der Luft hängen und seufzt.

Die Situation wird für Gerda unerträglich, und so erwägt sie, nachzugeben und mit ihren Freundinnen zurück nach Göttingen zu gehen, ist hin und her gerissen zwischen ›Expertenmeinungen‹ und ihrem Gefühl. Sie lässt sich an der Universität in Hamburg exmatrikulieren, dann denkt sie sich plötzlich: »So ein Quatsch« und geht wieder zurück, um sich erneut einzuschreiben, alles am selben Tag. »Und am nächsten Morgen haben die also wirklich so einen Aufstand gemacht! Und das waren *Freunde! Freundinnen!*« Fassungslos sieht sie mich an und schlägt mit der flachen Hand auf den Tisch.

Gerda geht nun doch nach Göttingen zurück. Ihre Beziehung in Hamburg ist damit zu Ende. Die Freundinnen nehmen ihr das Versprechen ab, Elke ein halbes Jahr lang nicht zu sehen. Gerda wird krank, mindestens ein halbes Jahr kann sie kaum etwas essen. Vorher hat sie oft mit ihren Freundinnen zusammen gekocht und gegessen, jetzt bringt sie nichts herunter. Elke probiert in diesem halben Jahr, ob es nicht vielleicht doch auch irgendwie mit Männern geht. Auch Gerda versucht diesen Weg, ist eine Zeit lang mit einem Mann zusammen, der noch keine Frauenbeziehung hatte und der »wirklich ein ganz Netter war, aber das war natürlich nichts.« Sie hält sich an das Versprechen, sieht Elke ein halbes Jahr lang nicht, schreibt ihr aber, wünscht sich einen Neuanfang nach der Zeit der erzwungenen Trennung, aber es ist wohl zuviel zerbrochen in den qualvollen sechs Monaten. Für Gerda und Elke gibt es keine zweite Chance. Gerda wird sehr leise, als sie darüber spricht. »Ich hatte ja keine andere Beziehung«, murmelt sie gedankenverloren. Sie bringt ihr Studium in Göttingen zu Ende. Vier Jahre nach der Trennung beginnt sie das Referendariat und ist zu diesem Zeitpunkt »noch immer ganz betrunken von Elke.«

Als Gerda Lehrerin wird, weiß niemand an der Schule, dass sie lesbisch ist. Sie will auf keinen Fall eine »militante Lesbierin« sein. Das Unterrichten macht ihr großen Spaß. Sie genießt die Achtung, die man ihr von allen Seiten entgegenbringt. Gleichzeitig hat sie Angst davor, an der Schule Schwierigkeiten zu bekommen in dem Fall, dass ihre Homosexualität bekannt wird. Sie erlebt, dass eine unverheiratete Kollegin gehen muss, als sie ein Kind erwartet. Ihre Schule ist in diesen Jahren noch ein reines Mädchengymnasium. Auch von ihren Schülerinnen, die keinen Zugang zur Pille haben, wird immer einmal wieder eine schwanger und fällt bei der Lehrerkonferenz in Ungnade. Nur eine einzige darf trotz bevorstehender lediger Mutterschaft bis zum Abitur bleiben, ausnahmsweise, weil sie so außergewöhnlich begabt ist. Alle anderen müssen gehen, stehen fortan im Ruf, ein ›Flittchen‹ zu sein und somit untragbar für das ehrwürdige Haus.

Der Schule verwiesen zu werden ist auch Gerdas Befürchtung, gar nicht so sehr in Bezug auf den Direktor, von dem sie sich vorstellen kann, dass er sagt: »Ja, mein Gott, ich weiß schon, dass es das gibt.« Aber sie will eine tadellose Lehrerin sein. Für sie gehört dazu auch ein gutes Einvernehmen mit den Eltern, und nach den Erfahrungen an der Universität erwartet sie von dieser Seite keine Akzeptanz. Wenn schon Leute, die studiert haben, die nicht dumm sind, ihre Liebe nicht verstehen können, überlegt sie sich, dann gibt es vielleicht unter den Eltern welche, die das noch viel schrecklicher und für ihre Kinder unannehmbar finden. Natürlich könnte sie in eine andere Stadt gehen, wenn bekannt würde, dass sie lesbisch ist, versichert sie sich selbst. Sie könnte immer noch Lehrerin sein. Aber sie fühlt sich wohl an der Schule, an der sie unterrichtet, will dort bleiben. So achtet sie darauf, dass ›das‹ nicht Thema wird. »Ich bin nie händchenhaltend durch Bielefeld gelaufen.«

Zu ihren Schülerinnen und später auch zu den Schülern – das Gymnasium öffnete sich Mitte der 1970er Jahre auch für Jungen – hat Gerda ein vertrauensvolles Verhältnis. Sie kommen oft nach der Schule zu ihr, bringen ihre Freundinnen und Freunde mit, und manches Mal feiern alle in Gerdas Wohnung bis spät in die Nacht hinein, so lange, bis die Nachbarn von unten sich über den Lärm beschweren, der wieder einmal durch das ganze Haus dröhnt. »Kommt doch hoch und feiert mit«, entgegnet Gerda ihnen dann lachend, ihre Augen blitzen vergnügt, als sie sich daran erinnert.

Aber die jungen Leute kommen nicht nur zu Partys. Sie teilen Gerda auch ihre Gedanken und Geheimnisse mit, wissen, dass sie eine ist, mit der man reden kann. Manchmal kommen auch Schülerinnen zu ihr, die spüren, dass sie lesbisch sind und in ihr eine vertrauenswürdige Gesprächspartnerin suchen, vielleicht auch, weil sie ahnen, dass Gerda selbst Frauen liebt. Einmal hat sie zwei Mädchen in einer Oberstufenklasse, die sehr gut miteinander befreundet sind – Kerstin und Manuela. Beide erzählen Gerda, dass sie lesbisch sind, aber gegenseitig erzählen sie es sich nicht. Sie bitten Gerda sogar inständig, der jeweils anderen nichts davon zu sagen. »Das war durchaus eine verkorkste Situation«, sagt sie. Ob die beiden Mädchen denn später einmal davon erfahren haben, frage ich nach, und als Gerda zunächst nur knapp mit »ja« antwortet und ich es genauer wissen will, lädt sie mich ein zu einer wilden Fahrt in einem rasanten Karussell auf einem sehr engen Festplatz der 1970er Jahre:

Kerstin und Manuela machen das Abitur. Beide Frauen studieren, und nach dem Studium hat Gerda mit beiden nacheinander eine Beziehung. Auch eine vierte Frau springt noch mit auf, bevor die Gondeln sich zu drehen beginnen.

Mit Kerstin ist es nur »ein Aufflammen«. Gerda verkehrt über lange Zeit hinweg in ihrem Elternhaus. Kerstins Vater sagt, er wünsche sich ja, dass seine Tochter auch einmal eine sexuelle Beziehung hätte, und wenn Gerda ein Mann wäre, hätte er es am liebsten, wenn Kerstin mit ihr bzw. ihm zusammen wäre. Gerda weiß nicht, ob er das nur so dahinsagt oder ob er etwas herauskitzeln will. Sie ist kein Mann, aber sie tut ihm den Gefallen auch so, als Kerstin das Studium beendet. Das »Aufflammen« dauert immerhin vier Jahre, und Kerstin bittet Gerda: »Sag Manuela nichts davon.«

Gerda sagt Manuela nichts, doch als Kerstin sie wegen Nadine verlässt, einer Französin aus Paris, bleiben beide befreundet, und Gerda wendet sich Manuela zu. Mir wird ein bisschen schwindelig, aber die Fahrt ist noch lange nicht zu Ende, denn Manuela und Gerda beschließen, Kerstin und Nadine in

Paris zu besuchen, doch Manuela bittet Gerda zuvor: »Sag Kerstin nichts von uns.« Und Kerstin sagt ihr: »Bitte erzähle Manuela nicht, welcher Art meine Beziehung mit Nadine ist.« So sitzen in Paris zwei lesbische Paare zusammen und spielen gute Freundinnen, obwohl sie im Grunde alle genau wissen, dass sie einander irgendwie lieben. Und als ich nun denke, das Karussell kommt zum Stehen, gibt es noch eine Zugabe, denn Gerda verlässt Manuela – wegen Nadine.

Es war das erste und einzige Mal, dass sie eine Frau verlassen habe, beteuert Gerda, sonst sei sie es immer gewesen, die verlassen wurde. Sie habe das auch immer eingesehen – was solle man auch machen, wenn eine neu entflammt? Ungefähr vier Jahre dauerten ihre Beziehungen in der Regel, und sie findet es sehr schön, dass sie heute mit allen Frauen befreundet ist, mit denen sie früher zusammen war. Sie schmunzelt, dann spricht sie von ihrer Zeit mit Nadine.

Als Gerda sich in die Französin verliebt, will sie auch bei ihr leben, wenigstens für ein Jahr. Sie will sich beurlauben lassen, aber ihr Antrag wird abgelehnt. Gerda insistiert, verweist auf das Beamtengesetz, das diese Möglichkeit einräumt. Man hält ihr entgegen, für Beurlaubungen gäbe es nur eine begrenzte Anzahl von Plätzen; diese seien für Mütter gedacht. Wenn sie nun sage, sie sei schwanger, ja, dann könne sie sich beurlauben lassen, aber sonst ginge das nicht. Die einzige andere Möglichkeit wäre, dass Gerda irgendeine internationale Behörde anführen könne, die ihr bescheinigt, dass sie im Ausland für ein Jahr gebraucht wird. Aber das ist nicht der Fall; nicht Frankreich braucht Gerda, sondern Gerda braucht Frankreich. So bleibt ihr nichts anderes übrig, als zu kündigen, um nach Paris zu gehen. Ein Jahr lang kann sie sich diese Auszeit ohne Gehalt leisten, knabbert dafür ihre Ersparnisse der vorangegangenen zehn Berufsjahre an, die eigentlich für ihren Ruhestand vorgesehen waren. Ihre Wohnung in Bielefeld gibt sie nicht auf, sondern findet einen Untermieter; an der Schule verkündet sie, dass sie in zwölf Monaten wiederkommen und sich wieder melden wird. Es ist die Zeit, in der Lehrerarbeitslosigkeit allmählich ein Thema wird. Gerda aber hat keinen Zweifel, dass man sie wieder einstellen wird. Sie war schließlich eine gute Lehrerin, versichert sie mir, wie sie es damals wohl sich selbst immer wieder versichert haben muss. Lange führt sie aus, wie renommiert sie war und dass man ihr daher wohl keine andere vorziehen konnte, die gerade erst von der Universität kam, selbst wenn es eine mit sehr guten Zeugnissen gewesen wäre. Sie sei schließlich eine von allen Seiten gerühmte Lehrerin gewesen, man konnte nicht umhin, sie wieder zu nehmen, wenn eine Stelle frei war. Ein Rest Unsicherheit schimmert durch ihre Beteuerungen hindurch.

Glücklicherweise geht alles gut. Gerda wird während ihrer Zeit in Paris sogar eine Studiendirektorenstelle an einer anderen Schule in Deutschland angeboten, und Bielefeld zieht mit gleicher Offerte nach. Das aber will sie gar nicht. Mit dem Geld, das sie als Lehrerin verdient, kommt sie aus, und so möchte sie lieber in der Klasse stehen und unterrichten, möchte lieber für die Schülerinnen und Schüler da sein, als in der Verwaltung zu sitzen. Ihre männlichen Kollegen verstehen nicht, wie sie ein solches Angebot ausschlagen kann, aber es wird eben auch eine Stelle als Lehrerin frei, und so geht Gerda wieder an ihre alte Schule zurück. Ihre Freundin Nadine, selbst Lehrerin, lebt dann drei Jahre in Bielefeld. Sie kann sich in Paris beurlauben lassen und unterrichtet Französisch als Wahlfach an verschiedenen Schulen in der Region. Was danach kam, erzählt Gerda nicht, aber ein Jahr in Frankreich und drei in Bielefeld sind vier, und so kann ich es mir denken.

Rückblickend sagt Gerda, sie habe vor allem am Beginn ihres Berufslebens Angst gehabt, dass sie wegen ihres Lesbischseins Schwierigkeiten bekommen könnte. Im Grunde sei das dann aber nie so gewesen. Später wollte man sogar, dass sie Schulleiterin wird, aber sie wollte ja schon nicht Studiendirektorin werden. Sie findet es auch im Nachhinein betrachtet richtig, dass sie Lehrerin geblieben ist, denn ihre Schülerinnen und Schüler konnten bei ihr gut lernen, gerade im Fach Mathematik, mit dem so viele Probleme haben. Wenn sie da einen Leistungskurs anbot, dann waren darin zu zwei Drittel Mädchen, das haben die anderen Lehrerinnen und Lehrer nie gehabt. Und nur weil sie Lehrerin geblieben ist, fand sie auch Zeit für die Kommunalpolitik, in der sie sich über viele Jahre hinweg engagiert hat. Sie stellte einen wichtigen Aspekt ihres Lebens dar, den sie auf keinen Fall hätte missen wollen.

Als die Grünen gegründet werden, ist Gerda von Anfang an dabei. Sie setzt sich für die Benachteiligten und Ausgegrenzten ein; auch für Frauen, denn »benachteiligt sind die ja schon gewesen.« Gemeinsam mit anderen gründet sie einen Ausschuss, in dem alle Beschlüsse der Kommunalverwaltung daraufhin abgeklopft werden, ob sie frauenfeindlich sind. Im Rahmen ihrer Parteiarbeit und auch zusammen mit Bürgerinitiativen ist sie im kulturellen Bereich aktiv, engagiert sich baupolitisch ebenso wie für Migrantinnen und Migranten. Sie wird in den Rat der Stadt gewählt und bekommt als Lehrerin

Probleme, weil »so ein blöder Kollege von der FDP« verbreitet, sie sei eine Kommunistin. Gerda lacht und schüttelt den Kopf. »Die konnten ja damals mit den Grünen gar nichts anfangen an der Schule – die haben geglaubt, dass wir von der DDR bezahlt werden.«

»So was Verrücktes«, sagt sie ihren Kritikern, »ich glaub, ihr verwechselt das mit der DKP.« Dennoch setzt sich der Elternrat zusammen und überlegt, ob Gerda denn für die Schule noch tragbar ist, wenn sie bei den Grünen mitarbeitet. Eher als die Tatsache, dass sie lesbisch ist, habe ihre politische Arbeit ihr das Leben an der Schule schwergemacht, sagt sie und geht darüber hinweg, dass ihr Engagement in diesem Bereich im Gegensatz zu ihrer Homosexualität sichtbar war. Als sie mit einer Bielefelder Umweltgruppe ins Wendland fährt, um verbotenerweise gegen Atomkraft zu demonstrieren, wird ihr gesagt, sie stehe nicht auf dem Boden des Grundgesetzes. Es wird sogar ein Disziplinarverfahren gegen sie in die Wege geleitet, denn nach der Demonstration wird sie von einem Gericht zu einer Geldstrafe verurteilt, was diese Maßnahme nach sich zieht. Gerda wirkt weder verärgert noch bestürzt, als sie mir davon erzählt. Sie sagt sogar, es habe ihr gutgetan, wie das gelaufen ist; es sei eher eine augenzwinkernd durchgeführte Förmlichkeit gewesen. So hatte Gerda mit ihrem politischen Engagement in der jungen und von vielen Seiten misstrauisch beäugten Partei noch einen anderen Bereich, der damals geeignet gewesen wäre, um sich in der Öffentlichkeit unbeliebt zu machen. Gerda aber war nicht unbeliebt, fand nach einer gewissen Zeit auch im Rat der Stadt Anerkennung. Als sie nach vielen Jahren politischer Arbeit das Bundesverdienstkreuz bekommt, fällt das in die Zeit, in der sie auch pensioniert wird. Alle Bekannten, Weggefährten, Freundinnen und Freunde sind da, um ihr zu gratulieren, und so glaubt sie, das sei dann auch gleichzeitig ihre Verabschiedung aus Bielefeld. Doch als sie dann tatsächlich weggeht, organisieren die Bielefelder Grünen für sie ein Fest, und der Redakteur der Lokalzeitung, ein ehemaliger Schüler, sagt: »Ja, Frau Eschweiler, das würde ich nicht mit allen Lehrern machen, aber Sie müssen ein großes Blatt kriegen.« Wieder verrät die Begeisterung, mit der Gerda davon spricht, wie wichtig ihr diese Bestätigung ist. Sie hat ihren Traumberuf gewollt und hart dafür gearbeitet, sie hat ihn ausgeübt und es gut gemacht. Ehemalige und Eltern haben ihr das wieder und wieder versichert und es sehr bedauert, als sie ging. »Ich wollte mir das, vor allen Dingen in den ersten Jahren, nicht durch meine Lebensweise kaputtmachen lassen.«

In ihren Unterrichtsfächern Mathematik und Chemie stellt sich die Frage, ob und wie Homosexualität als Thema in irgendeiner Form im Unterricht einzubringen sein könnte, nicht. Aber als Ende der 1980er Jahre für Schülerinnen und Schüler, die nicht am Religionsunterricht teilnehmen, Werte und Normen als Fach eingeführt werden soll und es für den Unterricht an ihrer Schule keine ausgebildeten Kräfte gibt, bietet Gerda an, das zu übernehmen. Sie hat damit letztlich mehr Arbeit als mit ihren Kernfächern, denn es gibt keine Richtlinien und keine Bücher. Doch für sie liegt darin gerade auch der Reiz, denn die fehlenden Vorgaben lassen ihr viel Gestaltungsspielraum. Sie redet zunächst über das Thema Verantwortung, die sie auch als gesellschaftliche Verantwortung begreift, und lässt im Unterricht die Bundestagsrede eines

Politikers analysieren. Das funktioniert ganz gut, und im Zusammenhang mit Liebe und Sexualität betont sie die Verantwortung dem eigenen Körper gegenüber. Sie erarbeitet mit einer achten Klasse, dass in sexuellen Beziehungen alles erlaubt ist, was dem Partner oder der Partnerin gefällt. Um Homosexualität geht es nicht, das schwingt nur versteckt mit. Sie schneidet ein modernes Liebesgedicht auseinander und bittet ihre Schützlinge, es neu zusammenzusetzen. Für sie steht schon der Gedanke dahinter, ihnen zu vermitteln, dass eine Frau auch eine Frau lieben kann und ein Mann einen Mann, aber direkt kommt das nicht zur Sprache. Sie redet mit den Jugendlichen über Gewalt in sexuellen Beziehungen, grenzt sie ab gegen sexuelle Praktiken, »die auch mal weh tun«, denn: »Das will man ja auch nicht, dass da andere gleich wieder sagen, das ist pervers.«

Lesben und Schwule werden kein Thema. Wenn die Schülerinnen und Schüler darauf zu sprechen gekommen wären, dann wäre sie auch darauf eingegangen, da war sie ja ganz frei, versichert sie mir und fügt hinzu, dass sie es schon in Ordnung findet, wenn heute Projekte in Schulklassen zum Thema gleichgeschlechtliche Lebensweisen arbeiten – wenn ein Bedarf da ist, wenn Homosexuelle benachteiligt werden. Das sieht sie aber heute nicht mehr so. Natürlich hat sie manchmal mitbekommen, dass Schüler andere als »Schwuler« oder »Lesbe« beschimpfen. Es sind die Jungen gewesen, sagt sie, die Mädchen haben sich nie als Lesben beschimpft, sie haben auch die Jungen nicht als schwul beschimpft, nur die Jungen haben schon mal »Schwuli« gerufen oder »Homo« oder zu einem Mädchen gesagt, »du bist 'ne Lesbe«, wenn sie mit ihren Freundinnen zusammenhockte. Das hat Gerda nicht besonders beachtet, manchmal hat sie allerdings gesagt: »Na und? Hast du was dagegen? Weil du nicht genommen wirst, oder was?«

Gerda meint, die Jugendlichen ärgerten sich in der Pubertät mit so vielem herum, müssten sich selbst ausprobieren und ihre Wirkung. Dann riefen sie manchmal einfach nur »iiieh«, obwohl sie selbst noch gar nicht wüssten, wie sie sind. Sie betont, sie würde nie ohne einen konkreten Anlass in eine Klasse gehen und sagen: »Heute sprechen wir mal über Homosexualität.« Sie hat ja bei ihren eigenen lesbischen Schülerinnen gesehen, dass sie zu ihr gekommen sind, sie würden sich dann schon diejenigen suchen, mit denen sie reden können. »Aber nicht in dem Kreis«, sagt Gerda und meint den Unterrichtsraum. Dann entsinnt sie sich einer ehemaligen Schülerin, die sie nach vielen Jahren bei einem Klassentreffen wiedersah. Alle erzählten bei dieser Gelegenheit, wie sie leben; ob sie verheiratet sind, ob sie Kinder haben. Und diese Frau sagte dann, dass sie lesbisch ist und dass sie das auch schon als Schülerin wusste. Sie erzählte weiter, wie ausgegrenzt sie sich damals gefühlt hatte, dass sie auch nicht mit ihren Freundinnen darüber reden konnte und dass Schule für sie schon deshalb immer etwas Schreckliches war. Gerda fällt ein, dass gerade diese Frau, dieses Mädchen damals ihre erste Nachhilfeschülerin war. Nicht immer also sind die Schülerinnen zu ihr gekommen, räumt sie nun ein. Doch sie ist überzeugt, dass die jungen Frauen heute schon ihren Weg finden, gerade die Schülerinnen am Gymnasium. Und an den Universitäten gibt es ja heute auch Lesbengruppen, das sieht sie in Bielefeld, und da gehen die jungen Frauen dann auch hin.

Als Gerda sich zu Beginn des neuen Jahrtausends noch einmal verliebt – sie hat ja nicht mehr damit gerechnet, sie war ja schon über 60 –, erzählt sie ihren ehemaligen Kolleginnen und Kollegen von ihrem Vorhaben, nach Freiburg zu gehen. Allgemeine Verwunderung schlägt ihr entgegen, denn schließlich ist bekannt, wie verwurzelt sie in Bielefeld ist.

»Ich habe mich verliebt«, erklärt Gerda den langjährigen Weggefährten, und alle werden neugierig. »Erzähl mal, erzähl mal!« fordern sie gespannt. »Richtig mit Kribbeln im Bauch und so?« Gerda lacht, dann taucht sie ein in die Erinnerung an den vergangenen Dialog, spricht jeden Part so, wie sie es damals erlebt hat. »Ja, ja«, antwortete sie, »das ist richtig dabei.« – Und: »Aber ich muss euch sagen, wenn ich mich verliebe, dann verliebe ich mich in Frauen.« Sie hält einen Augenblick lang inne, spürt ihren Worten nach und sieht mich eindringlich an, bevor sie erneut in die Rolle ihrer ehemaligen Gegenüber schlüpft: »Ja, das wissen wir doch, das wissen wir doch«, winken sie ab, gelangweilt, eben so, wie man abwinkt, wenn man ein Geheimnis hört, das schon lange keines mehr ist. Dass sie es wissen, haben sie ihr nie zuvor gesagt oder es auch nur durchblicken lassen.

Auch die Frau, wegen der Gerda nach Freiburg gegangen ist, war Jahrzehnte zuvor einmal ihre Schülerin: Rita, aus der ersten Klasse, die bei Gerda das Abitur machte, gleich nach ihrem Referendariat.

Nach 30 Jahren begegneten sich die beiden im Rahmen eines Klassentreffens wieder, aber dazu wäre es fast nicht gekommen.

Im Vorfeld des geplanten Ereignisses weiß niemand, wo Rita zu erreichen ist. Keine ihrer alten Freundinnen hat ihre Anschrift oder auch nur eine Vermutung, wo sie mittlerweile leben könnte. Auch Gerda nicht. Sie hat früher ab und zu noch mit ihr telefoniert, aber das letzte Gespräch liegt bereits 15 Jahre zurück. Rita hat in der Zwischenzeit geheiratet und bei dieser Gelegenheit ihren Namen aufgegeben. Nun ist sie unauffindbar.

Aus heiterem Himmel erhält Gerda jedoch plötzlich einen Anruf von der Gesuchten. Sie glaubt zunächst, eine Kollegin hätte die ehemalige Schülerin doch noch irgendwie erreicht, aber so ist es nicht. Im Grunde ist es ein Zufall – oder auch nicht, denn ihre spätere Freundin ist schon seit langem in Gerda verliebt, ohne dass Gerda es bemerkte. Sie hat Gerdas Telefonnummer schon seit dem Abitur im Kopf, gesteht sie und kommt zum Klassentreffen. Es knistert zwischen den beiden Frauen, aber es funkt noch nicht wirklich; sie bleiben anschließend zunächst nur in losem Kontakt. Erst als ein gemeinsamer Bekannter Rita im Rahmen einer Dienstreise in Freiburg trifft – wieder ein ungewöhnlicher Zufall –, bittet diese ihn, Gerda von ihr zu grüßen. Der Schussel vergisst es, denkt über ein Jahr lang nicht daran, und als er sich doch noch erinnert, beichtet er es Gerda zerknirscht. Die verspäteten Grüße gehen ihr dann nicht mehr aus dem Kopf. Sie schickt Rita eine Karte, und Rita kommt daraufhin nach Bielefeld. »Und dann«, sagt Gerda schmunzelnd, »war eigentlich klar, dass wir was zusammen erleben wollten.«

Kurz nach der Wende ins neue Jahrtausend wird Gerda pensioniert. Sie geht zu ihrer Freundin nach Freiburg, und beide

Frauen erwerben in einem noch im Bau befindlichen Gebäudekomplex zwei getrennte Wohnungen – »man muss ja vorsichtig sein, man weiß ja nie, ob es hält« –, die aber durch eine Treppe miteinander verbunden sind. Als das Haus ein Jahr später fertig ist, ziehen sie ein. Ob Rita schon während ihrer Schulzeit wusste, dass Gerda lesbisch ist, erkundige ich mich. Gerda lacht. Sie hat ihre Freundin selbst einmal danach gefragt. »Ach«, hat Rita geantwortet, »wir haben das wohl alle vermutet, aber ein Gesprächsthema war es nie.«

Als wir das Interview bereits beendet haben und ich schon beinahe im Aufbruch bin, kommt Gerda doch noch einmal auf die Mathematik zu sprechen. Sie erinnert sich an eine Textaufgabe, die sie einmal im Unterricht verteilt hat. Es ging um Prozentrechnung. Sie hatte zwei Gruppen gebildet: In der einen Gruppe verdiente ein Mann prozentual mehr Geld als eine Frau, in der anderen war es umgekehrt. Ein Junge weigerte sich, die Aufgabe zu rechnen. »Wo gibt es denn so was, dass eine Frau mehr Geld verdient als ein Mann!« empörte er sich allen Ernstes. Das fand Gerda schon sehr erstaunlich. Und sie räumt ein, lange Zeit habe sie geglaubt, es sei Unsinn, dass die Jungen öfter herangenommen werden als die Mädchen. Aber dann habe sie sich selbst überprüft und musste zugeben, dass es stimmt. Die Jungen seien fordernder, glaubt sie, die meldeten sich erst einmal, und wenn sie dann vorn an der Tafel stünden und nichts wüssten, sei ihnen das auch egal. Die Mädchen zögerten mehr. »Ich habe mich dann bewusst korrigiert«, versichert sie mir und lächelt mich an.

Wenn in Einzelfällen homosexuell lebende Menschen offiziell zum Pfarramt zugelassen werden, dann wird damit ein Weg beschritten, der einen Bruch mit dem darstellt, was über Jahrhunderte hinweg in den christlichen Kirchen offiziell praktiziert wurde [...] Wenn ein solcher Schritt um der Wahrheit und der Liebe willen notwendig ist, muss er gewagt werden.

Aus einem Text zum Thema Homosexualität
der Evangelischen Kirche Deutschland[2]

Sich selbst nicht zum Problem machen

Martina Böhm, 34 Jahre

Als ich Martina Böhm in Dresden besuche, liegt der Winter bereits spürbar in den letzten Zügen. Eigentlich war für diesen Samstag, an dem ich zu ihr fahre, noch ein Schneesturm vorhergesagt, aber dann scheint doch die Sonne durch das weit geöffnete Fenster ihres Arbeitszimmers. Martina begrüßt mich aufgeschlossen und gelöst, stellt mir ihre Freundin vor, mit der sie zusammenlebt und die sich kurz darauf zurückzieht und uns mit unserem Gespräch allein lässt, anders als die von den ersten Frühlingsstrahlen aufgewühlte graugetigerte Katze, die zunächst mit einem entschlossenen Sprung auf die Türklinke den Raum entert, um anschließend ausdauernd und energisch an der Balkontür zu kratzen – sie will an die frische Luft.

Martina Böhm unterrichtet an einem Dresdener Gymnasium Religion und Deutsch. Eigentlich stammt sie aus Braunschweig, hat in Niedersachsen studiert und ist zum Referendariat nach Sachsen gekommen, wo sie nach dem Abschluss ihrer Ausbildung in eine feste Stelle übernommen wurde. Jetzt sieht sie mir aufmerksam zu, wie ich das Mikrofon positioniere, hebt die mittlerweile um sie herumschleichende Katze auf ihren Schoß und erwartet meine Fragen.

Martina kommt aus einem bürgerlichen Elternhaus, auch ihr Vater ist Lehrer. Als kleines Mädchen spielt sie viel mit der Tafel, die in ihrem Kinderzimmer steht, spricht zu einem imaginären Publikum, ihre Finger riechen nach Kreide. Der direkte Weg in den Schuldienst scheint für sie vorprogrammiert, doch während sie das Gymnasium besucht, träumt sie stattdessen von einer Zukunft als Pastorin. Als die anderen Mädchen in ihrer Klasse beginnen, mit den Jungen zu schmusen, spielt sie mit ihnen lieber Fußball. Sie wird sich vage ihrer Gefühle für Mädchen und Frauen bewusst und verliebt sich in ihre Deutschlehrerin, »klassischerweise«, sagt sie und lacht. In jenen Jahren kann sie ihre Gefühle aber noch nicht so klar benennen, versteht sie als Schwärmerei.

Martinas Deutschlehrerin ist heterosexuell, anders als ihre Kollegin in der Turnhalle, die zwar nicht direkt sagt, dass sie lesbisch ist, aber sehr wohl mit ihrer Freundin Hand in Hand durch die Stadt läuft. Braunschweig ist kein sonderlich großer Ort, und die Schülerinnen und Schüler sehen sie und denken sich ihren Teil. Es ist ein offenes Geheimnis, dass die Sportlehrerin lesbisch ist, und es wird auch getratscht. Kinder tratschen gerne über ihre Lehrerinnen und Lehrer, meint Martina gelassen. Es gibt auch ein Ehepaar an ihrer Schule, und wenn einer von denen mal schlechte Laune hat, wird eben gefeixt: »Höhö, wohl schlechten Sex gehabt, wie?«

Martinas Sportlehrerin hat an der Schule einen guten Stand,

wird besonders auch von den Kolleginnen und Kollegen aus dem Sportbereich geschätzt, weil sie noch eine der wenigen ist, die die Übungen selbst vormacht und das auch kann, bei der es im Gegensatz zu anderen nicht peinlich wirkt. Als Martina siebzehn Jahre alt ist, beginnt sie, sich ein wenig an dieser Frau zu orientieren, sieht ihr sogar ein bisschen ähnlich: »Kurze Haare, athletische Figur – die habe ich zwar jetzt nicht mehr, aber damals war das so.« Sie grinst mich keck an, denn ihre letzte Bemerkung ist reine Koketterie. Sie sieht auch heute noch sportlich aus, was ich ihr schnell versichere, bevor sie weitererzählt.

Martina ist eine Schülerin, die hin und wieder den Schalk im Nacken hat. Sie nennt ihre Sportlehrerin einen »burschikosen Typ«, weil sie ihre Anweisungen im Kasernenton erteilt. Eines Tages sagt Martina zu ihr: »Sie hätten eigentlich auch zur Bundeswehr gehen können.« Ganz wie Martina selbst hat auch ihre Lehrerin trotz ihrer autoritären Art eine gute Portion Humor, und Martina spürt, dass sie sich ihr gegenüber einiges erlauben kann, was andere nicht hätten wagen dürfen. Irgendwann karikiert Martina kurz vor Unterrichtsbeginn den militärischen Stil der Lehrerin, Anweisungen zu geben und führt drei Minuten lang mit übertrieben strengem Eifer ein Aufwärmtraining durch. Weil sie so sehr bei der Sache ist, bemerkt sie nicht, dass ihre Mitschülerinnen mit erschrockenem Gesicht in eine bestimmte Richtung deuten, und so bekommt sie nicht mit, dass die Parodierte sich nähert, bis sie direkt hinter ihr steht. Martina will im Boden versinken, doch die Lehrerin lacht über ihre kleine Vorstellung. Martina aber ist sicher, dass eine andere sich das nicht hätte herausnehmen dürfen. Als sie das Abitur macht, hat sie das Gefühl, dass ihre Sportlehrerin auf der anschließenden Feier vorsichtig versucht, im Gespräch mit ihr das Thema Homosexualität einzubringen. Zu dieser Zeit ist sich Martina trotz ihrer starken Gefühle für Frauen ihres Lesbischseins aber noch nicht bewusst und wundert sich daher nur: Was will die eigentlich?

Nach dem Schulabschluss macht Martina ein soziales Jahr, und da sie ihre Zukunft in der Kirche sieht, landet sie bei einer »superchristlichen Zeitung«. Dort lernt sie einen schwulen Kollegen kennen, und allmählich dämmert es ihr, allmählich hat sie das Gefühl, irgendwie anders zu sein als die anderen. Als sie an einer Bibelschule lernt, an der nur Frauen unterrichtet werden, fällt ihr ein Buch über lesbische Frauen in der Kirche in die Hand. Sie liest es und denkt sich: »Ja, so ist es, so bin ich anscheinend.« Ihr Coming-out erlebt sie dann auch als völlig unspektakulär. Sie findet ihre erste Liebe und spricht eher aufgeräumt darüber als schwärmerisch; es klingt durch, dass diese nicht die allein seligmachende Erfahrung gewesen ist. »Bei den vielen Frauen an der Bibelschule ist es ja irgendwie klar gewesen, dass da eine zu mir passt.« Mit dieser einen ist Martina eine Zeitlang zusammen, aber die Freundin findet ihre Beziehung »ganz schlimm, weil man ja keinen Sex vor der Ehe haben sollte und Lesbischsein ging schon gar nicht.« Die andere Frau stellt dann auch für sich fest, »dass sie es doch nicht ist – oder nicht sein will, das ist auch möglich.«

Martinas Eltern zeigen sich vom Coming-out ihrer Tochter wenig überrascht, denn sie haben ihr geringes Interesse für Jungen bereits wahrgenommen, und auch Martinas ausgeprägte Mädchenfreundschaften, die zwar nie körperlich waren oder sexuell, aber dennoch stets sehr intensiv, sind ihnen nicht entgangen. So erfährt Martina von ihrer Familie Rückhalt und Akzeptanz, gerät aber zunehmend in Konflikt mit ihrem Traumberuf.

Nach dem sozialen Jahr beginnt sie, evangelische Theologie zu studieren und arbeitet bei Labrystheia mit, einem Netzwerk für lesbische Theologiestudentinnen. Als sie mit anderen aus dieser Gruppe im Fachbereich Theologie ein Seminar zum Thema Homosexualität und Kirche anbieten will, erfährt ihre als konservativ bekannte Landeskirche davon, und man macht ihr unmissverständlich klar, dass man sie auf Durchfallen prüfen würde, falls ihr Name dort auf der Referentinnenliste erscheine. Martina muss erkennen: Diese Tür ist zu. Sie kann zwar Theologie studieren, wo sie will, aber althergebrachte Organisationsstrukturen bringen es mit sich, dass sie danach immer wieder zu jener Landeskirche zurück muss, aus der sie kommt. Das sei noch sehr altertümlich, erklärt sie mir, es gäbe nur einen Weg zu wechseln, und zwar durch Heirat. »Und das ist natürlich bei Lesben und Schwulen unglaublich günstig«, fügt sie ironisch hinzu.

Martina begreift, dass sie nicht Pastorin werden kann. Sie will nicht versteckt leben, das steht für sie fest, und so gibt sie diesen Berufswunsch schließlich auf. »Es war mein Lebenstraum«, sagt sie bedauernd. Als sie sich von den Vertretern der Landeskirche verabschiedet, gibt man ihr nicht einmal mehr die Hand. Sie trauert diesem verbauten Weg lange hinterher, dann geht sie für ein halbes Jahr zum Studium nach San Francisco, wo es eine Kirchengemeinde für Schwule und Lesben gibt. Als man ihr dort anbietet, sie könne bleiben und Pastorin werden, überlegt sie gründlich, ob sie diese Chance wahrnehmen soll. Nach langem Hin und Her entschließt sie sich zur Rückkehr nach Deutschland, aber die Erfahrung, dass es eine Möglichkeit gegeben hätte, ist heilsam für sie. Jetzt hat sie nicht mehr das Gefühl, dass ihr Lebensweg von anderen bestimmt worden ist. Sie konnte selbst entscheiden, und das lässt sie ihren inneren Frieden wiederfinden.

Aus Kalifornien zurück, schließt Martina das Kapitel Kirche endgültig ab und sattelt auf Lehramt um. Es ist für sie naheliegend, denn sie will auf jeden Fall mit Menschen arbeiten. Pastorin und Lehrerin sind für sie ähnliche Berufe; in beiden hat sie die Chance, vorne zu stehen und etwas zu vermitteln. Das ist es, was ihr Spaß macht, und so tauscht sie die Kanzel gegen das Pult ein, studiert neben Theologie auch Germanistik und macht in diesem Fach ein Schulpraktikum – bei ihrer alten Deutschlehrerin.

Martina wirkt ausgesprochen vergnügt, als sie das sagt. Sie ist 21, als sie das Praktikum absolviert, ihre ehemalige Lehrerin Ende 30. Verliebt ist Martina zu dieser Zeit nicht mehr in sie, aber sie hat ein freundschaftliches Verhältnis zu ihr und erzählt ihr auch von ihren früheren Gefühlen. Die Lehrerin zeigt sich sehr überrascht, fühlt sich aber auch ein bisschen geehrt, Martinas erste Liebe gewesen zu sein. »Auch wenn sie unerfüllt geblieben ist«, fügt Martina in gespielt gequältem Tonfall hinzu. Sie hat viel Freude an dem Praktikum, entwickelt ihren eigenen Lehrstil, der dem der ehemals Umschwärmten ähnlich ist. Sie bringt das Studium zu Ende und denkt noch nicht viel darüber nach, wie der Schulalltag später einmal sein wird. Noch ist die Universität ihre Welt, in der sie viele Kontakte zu anderen lesbischen Studentinnen hat. Als sie 25 Jahre alt ist, geht sie zum Referendariat nach Dresden.

Martina kommt an das Gymnasium und sagt sich, dass sie nicht mit einer Fahne durch die Gegend laufen wird, auf der steht: »Ich bin lesbisch.« Aber sie unterrichtet Kinder und Jugendliche, für die Homosexualität als Möglichkeit präsent geworden ist und die ein feines Gespür dafür entwickeln, welche ihrer Lehrkräfte lesbisch oder schwul sein könnten. Es gibt »Gerüchte ohne Ende«, denn Martina entspricht von ihrem Erscheinungsbild her nicht dem klassisch weiblichen Ideal. Sie zählt mir die Spekulationen ihrer Schützlinge an den Fingern vor: 1. Sie hat kurze Haare, 2. sie kleidet sich eher ›männlich‹, und 3. schließlich wird sie auch einmal mit ihrer Freundin in der Stadt gesehen. Eines Tages wollen die Kinder es genau wissen und sprechen Martina an, als sie vor der Klasse steht: »Dürfen wir Sie mal was fragen?« Es ist eine siebte Klasse, und Martinas Referendariat ist schon fast zu Ende.

Zuerst wollen sie wissen, ob Martina verheiratet ist. »Nein«, antwortet sie wahrheitsgemäß, und als die Kinder daraufhin herumdrucksen und sich nicht trauen, sagt Martina schließlich von sich aus: »Na ja, gut, ich glaube, ich kann euch die Frage auch so beantworten: Ja, ich liebe Frauen.« Martina legt eine vielsagende Pause ein, spiegelt mit weit aufgerissenen Augen das Erstaunen ihrer Schülerinnen und Schüler. Sie sind nicht geschockt, sondern vor allem überrascht, dass sie das so frei heraus sagt, haken schließlich nach, wollen mehr wissen. Martina begegnet ihrem Interesse mit Aufgeschlossenheit. Sie bietet ihnen an: »Wenn es nicht um Sextechniken geht, dann könnt ihr mich gerne alles fragen, aber was unter der Bettdecke verhandelt wird, das bleibt meins.« Eine ganze Schulstunde lang beantwortet sie die Fragen der Kinder. »Wann merkt man das?« wollen die wissen. »Wie merkt man das?« und »Wann hatten Sie Ihren ersten Kuss?« Sie finden es »cool«, dass Martina so offen mit ihnen redet, und das sagen sie ihr auch.

Martina erhält nach dem Referendariat an dem Gymnasium eine feste Stelle, weil man dort eine Religionslehrerin braucht. Sie übernimmt eine andere siebte Klasse, vor der sie sich zunächst nicht outet, weil es auch keinen entsprechenden Anlass gibt. Dann wird sie krank, muss drei Monate lang zu Hause bleiben. Ihr Schulleiter ist frühzeitig darüber informiert, dass sie lange ausfallen wird, versäumt es aber, für eine angemessene Vertretung zu sorgen. Und als Martina an die Schule zurückkehrt, laden die Eltern den Ärger über den versäumten Unterricht ihrer Kinder bei ihr ab. Der erste Elternabend nach ihrer Genesung wird für sie zum Tribunal. Wie sie es sich vorstelle, jetzt noch ihren Lehrplan zu erfüllen, wird sie gefragt. Sie räumt ein, dass das nach der langen Zeit ihrer Krankheit nicht mehr möglich, andererseits aber auch nicht ihre Schuld sei, denn es sei früh genug bekannt gewesen, dass sie lange fehlen würde. Martinas Miene wird angespannt, als sie sich an diese Situation erinnert. Besonders eine Mutter schürt die Spannungen. Es ist ausgerechnet die Elternsprecherin. Sie reißt die anderen mit und fügt dem Konflikt plötzlich noch eine andere Dimension hinzu. Sie wirke so distanziert, hält sie Martina entgegen, zwingt sie in eine Rechtfertigungsposition. Martina entgegnet ihr, sie habe es eben mit einer Norddeutschen zu tun. »Ich bin nicht die Lehrerin, die einen auf Mama macht oder sonst irgendwas.« Das liege ihr überhaupt nicht, und das wollen die Jugendlichen in dem

Alter auch gar nicht. Die Eltern sollten doch froh sein, dass jede Lehrerin und jeder Lehrer eine andere Persönlichkeit hat und dass sich die Kinder damit auseinandersetzen müssen.

Aber die Mutter geht noch einen Schritt weiter: Dass Martina ihrer Klasse von ihrem Lesbischsein nichts gesagt hat, das findet sie nicht gut. Martina ist völlig perplex, fragt zurück: »Stellen Sie sich da vorne hin und sagen: ›Übrigens, ich bin heterosexuell?‹«

Die negative Stimmung der Eltern springt schließlich auch auf die Schülerinnen und Schüler über. Bis zum Ende des Schuljahres erlebt Martina eine Tortur; sie hat Angst, zur Schule zu gehen, nein, nicht zur Schule, aber in diese eine Klasse. Es fällt in jene Zeit, dass eine Kollegin nach dem Unterricht von ihrem Ehemann abgeholt wird, der Martina bei dieser Gelegenheit kennenlernt. Er fühlt sich berufen, seine Einschätzung zu ihren Konflikten beizutragen: Es sei ja kein Wunder, dass Martina Probleme mit den Schülerinnen und Schülern habe, weil sie ja schon vom ganzen Erscheinungsbild her nicht in das Rollenverständnis passe, das die Jungen und Mädchen in diesem Alter gerade entwickelten. Und sie entspreche auch nicht dem gängigen Frauenmodell, weil sie ja so ein bisschen wie ein Mann aussehe. Das sei für die Kinder natürlich spannend, aber eben auch ein Reibungspunkt.

Martina erzählt mir diese Geschichte ganz sachlich; auch der Ehemann hat ihr seine Bemerkungen nicht böswillig vermittelt, sondern völlig neutral. Dennoch hat er natürlich mit seinem Kommentar die Ursache des Problems auf ihre Person verschoben.

Glücklicherweise macht Martina auch ganz andere Erfahrungen. Ihre Kolleginnen und Kollegen, vor denen sie sich längst geoutet hat, zeigen sich mit ihr solidarisch, sagen sogar, sie kämen am nächsten Tag mit einem Button zur Schule, auf dem steht ›ich bin lesbisch‹. Das tun sie dann nicht, aber Martina spürt, sie stehen voll und ganz hinter ihr. In der aufgehetzten Klasse aber bekommt sie kein Bein mehr auf den Boden, obwohl sie sich besondere Mühe gibt, alles versucht und sogar eine gemeinsame Paddeltour organisiert, weil sie hofft, in einer lockeren Atmosphäre das Eis brechen zu können. Aber die Jungen und Mädchen blocken weiterhin ab, zeigen sich auch in diesem Rahmen als geschlossene Wand. Der Scout, der die Gruppe durch die Seen führt, gibt ihr zu verstehen, so etwas habe er noch nie erlebt. Und er fügt hinzu: Das könne er bei ihrer Person auch gar nicht verstehen, dass die Jugendlichen so reagierten. Er wäre froh gewesen, eine solche Lehrerin zu haben.

Martina holt sehr tief Luft, räuspert sich mehrmals, bevor sie mit belegter Stimme weiterspricht. Ich spüre, wie gut es ihr getan haben muss, das zu hören, wie es ihr die wachsenden Selbstzweifel genommen hat. Sie bedankt sich ausdrücklich bei diesem Mann dafür, dass er ihr das so direkt gesagt hat und redet anschließend sehr lange mit ihm. Er rät ihr, die Klasse abzugeben und nicht traurig darum zu sein.

So hat der Ausflug für sie letztlich doch ein Gutes, denn durch den Scout erhält Martina eine Einschätzung von jemandem, der über genug Abstand verfügt, um eine klare Sicht auf eine verworrene Angelegenheit zu haben, in die sie selbst viel zu verstrickt ist, um sie noch zu durchblicken.

Am Ende zeigt ein Gespräch mit dem Schulleiter, dass auch die Schülerinnen und Schüler wollen, dass Martina die Klasse abgibt. Für sie ist es einerseits eine Erleichterung, andererseits empfindet sie es auch als Niederlage. Ein Vater nimmt sie im Nachhinein bei einem Schulfest zur Seite: Im Vertrauen gesagt, er habe es eigentlich gut gefunden, wie sie mit ihrem Lesbischsein umgegangen ist – sich nicht gleich zu outen, sondern die Kinder kommen zu lassen. Warum er sich dann von der einen Mutter habe mitreißen lassen, fragt Martina ihn erstaunt. Der Mann druckst ein wenig herum, es müsse wohl so eine Art Herdentrieb gewesen sein. Man traue sich dann irgendwie nicht, etwas dagegen zu tun.

Die ganze Erfahrung liegt bereits sechs Jahre zurück, und seitdem hat Martina sich angewöhnt, ihren Beruf mit mehr Abstand zu sehen. Schule sei nicht das ganze Leben, sondern Lehrerin zu sein sei der Job, mit dem sie ihr Geld verdiene, der ihr Spaß mache. Aber es sei eben Arbeit, und es seien nicht ihre Kinder. Wenn sie eine neue Klasse bekommt oder wenn Kinder sie im Deutsch- oder Religionsunterricht erhalten, wird schon gesagt: »Na, haste bei der Lesbe Unterricht?« Aber die Kinder wissen, dass sie dazu steht und dass sie Martina dazu befragen können. Inzwischen erzählt sie ihnen nach den Ferien vom gemeinsamen Urlaub mit der Freundin, und die Kinder fragen auch von sich aus nach. Es sind ungewöhnliche Dinge, die sie beschäftigen, findet Martina und wundert sich oft, wenn sie wissen wollen: »Wohnen Sie denn auch mit Ihrer Freundin zusammen?« Oder: »Haben Sie eigentlich ein gemeinsames Bett?« Als sie und ihre Freundin sich eines Tages Ringe kaufen, weil sie sich auch ohne die Formalität, sich amtlich eintragen zu lassen, als Lebenspartnerinnen verstehen, zeigen sich die Kinder zunächst irritiert. Ob Martina geheiratet habe, fragen sie beinahe heimlich und wundern sich: Hat die Böhm jetzt doch gewechselt? In ihrer Vorstellungswelt ist ein Ring ein Symbol aus der Heterowelt, steht für Ehe, für Mann und Frau. Als sie ihn jetzt am Finger ihrer lesbischen Lehrerin sehen, zeigen sie sich umso interessierter, finden es gut, wie selbstverständlich sie mit ihrer Liebe umgeht.

Für Martina ist es eine Bestätigung dafür, wie wichtig es ist, dass die Jugendlichen Schwule und Lesben in ihrem Alltag erleben. Wenn ihre Schülerinnen und Schüler sie zu einer Party einladen, sagen sie: »Bringen Sie doch Ihre Freundin mit!« Martina hat jetzt eine elfte Klasse, und schon jetzt freut sie sich auf die gemeinsame Feier nach dem Abitur der jungen Leute.

Um den Müttern und Vätern ihre Ängste zu nehmen, hat Martina einen Elternstammtisch eingerichtet, als sie ihre neue Klasse übernahm. Eigentlich findet sie es blöd, und eigentlich will sie sich auch von den Vorwürfen der früheren feindseligen Mutter nicht beeinflussen lassen, aber dann sagt sie doch beim ersten Treffen dieser Runde: »Ich bin übrigens lesbisch, aber das wissen Sie ja wahrscheinlich durch die Gerüchteküche.« Sie merkt schon, dass einige erstaunt gucken und fügt hinzu: »Ach, Sie wussten das noch nicht?« – »Nee.« – »Na, gut, dann wissen Sie es jetzt, nicht dass Sie das über irgendwelche Hintertürchen erfahren.« Sie bringt sogar den »Spruch von Wowereit« und hat schließlich keine Probleme mehr.

In den Religionsunterricht bringt Martina Themen wie Toleranz, Offenheit und den Umgang mit Minderheiten ein. In diesem Zusammenhang erzählt sie den Mädchen und Jungen auch schon einmal, warum sie nicht Pastorin geworden ist.

Die finden das überhaupt nicht gut, wie die Kirche sich da verhält, und zeigen sich gegenüber dem Thema Homosexualität tolerant, allerdings eher in Bezug auf Frauen. Bei den Jungen erlebt sie auch, dass die sagen: »Äh, Schwule, das ist ja widerlich, aber bei Ihnen, Frau Böhm, ist das etwas anderes.« Martina versucht dann, locker mit der Situation umzugehen, und antwortet schon mal: »Ja, mein Lieber, weil du dann noch ein bisschen mit mir flirten kannst«, aber sie spürt schon, dass die Ängste größer sind, wenn es um schwule Männer geht. Wenn sie nach Gründen für die stärkere Ablehnung fragt, bekommt sie zu hören, das sei eklig mit dem Sex. Das scheint eine Standardantwort zu sein in diesem Zusammenhang, aber gemeinsam überlegen wir, ob nicht noch etwas anderes dahintersteckt, ob nicht besonders die Jungen in schwulen Männern eine Bedrohung ihres Männlichkeitsbildes wähnen, das ihnen doch so viele Privilegien garantiert.

Einmal hat Martina eine Jugendliche im Religionsunterricht, die lesbisch ist. Martina versteht sich sehr gut mit ihr, aber dem Mädchen ist es dann doch fürchterlich peinlich, als sie Martina eines Abends in einer Lesbendisco trifft. Wer möchte schon gerne von der Lehrerin beim Tanzen und Knutschen beobachtet werden? Martina geht kurzentschlossen zu ihr hin, sagt: »Hallo, freut mich, schönen Abend noch.« Mit ihrer unaufgeregten, gelassenen Art nimmt sie der Situation die Spannung. Ihre Schülerin sagt mit dennoch verschüchtertem Kinderstimmchen zu ihrer Begleiterin: »Das ist meine Religionslehrerin.« – »Oh, cooooool«, antwortet die andere junge Frau gedehnt. Martina lacht und krault die Katze. Sie glaubt schon, dass sich von ihren Schülerinnen und Schülern später einmal viele daran erinnern werden, dass sie bei einer lesbi-

schen Lehrerin Unterricht hatten und auch daran, wie die
war, manchmal nett und manchmal schlecht gelaunt, eben
ganz normal. Und sie denkt, dass das gut ist, wenn Kinder und
Jugendliche diese Erfahrung machen. Das war schließlich
auch der Punkt, weshalb sie nicht Pastorin geworden ist: weil
sie nicht versteckt leben wollte. Und als Lehrerin will sie das
schon gar nicht. Sie will sich selbst nicht zum Problem machen, sich geben, wie sie ist, aber genau das sei es, wovor
eben viele Lesben und Schwule in der Schule Angst haben.
Sie hat beispielsweise auch einen Kollegen, von dem sie
glaubt, dass er schwul ist, aber genau weiß sie es nicht, weil
er eben ein bisschen versteckter lebt und sie zudem keinen
sehr persönlichen Kontakt zu ihm hat. Es sei ja auch seine
Entscheidung, wie er in der Schule mit seiner Homosexualität
umgehe. Aber sie glaubt, es lohne sich letztlich doch mehr, offen zu leben, als sich immer verstecken zu müssen, selbst
wenn es vielleicht für viele zunächst ein schwerer Schritt ist.
Irgendwann wird es für die anderen dann eben auch normal.
Und gerade deshalb findet sie es auch wichtig, dass immer
einmal wieder Mitarbeiterinnen und Mitarbeiter aus Einrichtungen in die Schule eingeladen werden, um mit den Jugendlichen zum Thema gleichgeschlechtliche Lebensweisen zu
arbeiten. Manchmal kämen sogar Gleichaltrige, denen gegenüber die Mädchen und Jungen im Unterricht weniger
ängstlich seien, die Fragen zu stellen, die sie beschäftigen.
Besonders wenn man in solchen Fällen den Unterricht nach
Geschlechtern getrennt durchführe, habe sie das erlebt. An
ihrer Schule leiten durchaus auch heterosexuelle Lehrerinnen
und Lehrer solche Projekttage in die Wege oder thematisieren Homosexualität im Biologieunterricht. Vielleicht liege es

daran, überlegt sie, dass im Osten lockerer mit Körperlichkeit und Sexualität umgegangen werde. So sei ja zum Beispiel auch FKK verbreiteter; vielleicht habe die Sozialisation in der DDR ein entspannteres Verhältnis zur Geschlechtlichkeit hervorgebracht, Martina meint sogar, eine gesündere Einstellung. Im Westen bleibe das ja immer verborgen. Und so sei es bei ihr in Dresden vielleicht einfacher, Themen wie Homosexualität im Unterricht anzusprechen. Es gehe ja auch darum, es den Jugendlichen leichter zu machen, zu sich selbst zu finden. Wenn sie ihre Schülerinnen und Schüler danach fragt, ob sie für sich selbst schon einmal überlegt haben, ob sie vielleicht lesbisch oder schwul sein könnten, dann kommt in der Regel erst einmal eine entsetzte Reaktion: »O Gott, ich doch nicht!« Ja, sagt sie denen dann, es sei ja schön, wenn sie das für sich so genau sagen könnten, aber für andere sei es vielleicht nicht so klar. Da kommen dann auch keine Abwehrreaktionen, die Jugendlichen sind dann im Gegenteil sehr interessiert.

Letztlich komme es darauf an, dass die jungen Leute die Menschen in ihrer Unterschiedlichkeit erleben und akzeptieren. Ihre Schülerinnen und Schüler finden es beispielsweise sehr merkwürdig, wenn Martina erzählt, was sie im Urlaub unternimmt. Sie und ihre Freundin sind nämlich auf Reisen immer sehr aktiv, wandern, fahren Rad oder machen Paddeltouren, sind eben auf Achse. Die Jugendlichen dagegen, die haben in ihrem Alltag zu Hause so viel zu tun, sind im Sportverein und gehen mehrmals in der Woche zum Training, haben auch sonst alle möglichen Termine – die wollen im Urlaub nur am Strand liegen und faulenzen. Sie finden es ja auch eher anstrengend, sagt Martina und lacht, wenn ihre Lehrerin mit ihnen zum Paddeln in den Spreewald fährt und sie da selber kochen müssen und ständig unterwegs sind. Meine Frage, ob es schon mal vorgekommen sei, dass Schülerinnen ihr gegenüber bei solchen Gelegenheiten auf Distanz gegangen sind, weil auf Klassenfahrten die Atmosphäre persönlicher ist als im Schulalltag, verneint sie. Sie hat dahingehend auch keinerlei Befürchtungen. Gott sei Dank hatte sie bei solchen Reisen auch immer ein eigenes Badezimmer, so dass sie nicht in die Bredouille kam, mit ihren Schülerinnen duschen zu müssen. Das, so findet sie, müsse nun wirklich nicht sein. Wenn sie jemals Vorbehalte spüren würde, dann könnte sie auch mit ihren Schülerinnen reden und ihnen sagen: »Nur weil ich lesbisch bin, heißt das noch nicht, dass ich mit jeder ins Bett gehen will.« Das wolle doch ein heterosexueller Lehrer auch nicht – hoffentlich, schiebt sie entschieden nach.

Nachdem Martina mittlerweile seit einigen Jahren in ihrem Beruf arbeitet, stellt sie sich allmählich die Frage: War es das jetzt für die nächsten 30 Jahre? Und in diesem Zusammenhang überlegt sie sich, wie sie sich in Zukunft weiterentwickeln könnte. Schulleiterin zu werden reizt sie überhaupt nicht. Es wäre ihr zuviel Bürokratie, da müsste sie sich auch um vieles kümmern, auf das sie keine Lust hat. Viel interessanter findet sie es, sich in Richtung Mediation weiterzubilden, um eine Art Konfliktmanagement an der Schule zu etablieren. Sie würde ihr Wissen dann auch gern an andere Lehrerinnen und Lehrer weitergeben, vielleicht auch an die Jugendlichen, vielleicht eine Fortbildung für andere organisieren.

Ich muss schmunzeln, denke, dass sie eben doch vor allem unterrichten will. Wie sagte sie es selbst: Es macht ihr Spaß, vorne zu stehen. Weil der Schulalltag hektisch sei, fände sie es auch reizvoll, Techniken der Meditation zu lernen und sie dann den Schülerinnen und Schülern beizubringen. Wieder erwähnt sie sofort das Vermitteln an andere, wieder will sie lehren: Sie bleibt sich treu.

Martina fragt sich manchmal schon, ob ihre Landeskirche ihr eines Tages die Vokation – die Erlaubnis, Religion zu unterrichten – entzieht, wenn sie von ihrem Lesbischsein erfährt. Eigentlich glaubt sie das nicht wirklich, denn sie hat zwischenzeitlich von einer lesbischen Pastorin erfahren, die sich geoutet hat und die ihr Amt in Sachsen weiter ausüben kann, weil sich sowohl die Gemeinde als auch die Landeskirche dafür ausgesprochen haben. Deren Mitarbeiterinnen in Dresden, die für den Religionsunterricht zuständig sind, kennen Martina auch und wissen, dass sie lesbisch ist. Sie meint, sie habe da vielleicht mit ihren Bedenken einen Tick weg, ein Erbe aus den Erfahrungen am Beginn ihres Theologiestudiums. Umso mehr wünscht sie sich, ja, es wäre ihre schönste Utopie, dass alle ganz frei und offen mit Lesben und Schwulen umgingen. Es klingt wie ein passendes Schlusswort, und wie auf Bestellung springt die Katze von ihrem Schoß, läuft wieder zum Balkon und kratzt an der Glasscheibe, die sie von der Freiheit trennt. Martina geht ihr nach und öffnet ihr die Tür. Endlich darf sie raus.

[...] in unserer pluralistischen Gesellschaft hält sich fast jeder zeitgemäß für tolerant und aufgeschlossen. Fakt ist jedoch allzu oft, sobald eine Lesbe ihre Orientierung offen lebt, sie mit ihrer Partnerin als Paar erscheint, reagieren viele Menschen hilflos und peinlich berührt.

Aus einer Diplomarbeit der Pädagogischen Hochschule Freiburg[3]

Heute Nacht träum' ich wieder von ihr
Ines Lobinger, 52 Jahre

Sie sehen sich nur noch selten. Ihre Begegnungen haben ein ruhiges Fahrwasser gefunden, gemächlich und sanft plätschern sie dahin. Freundschaft nennt Ines ihre Beziehung zu Petra in leicht resigniertem Tonfall, Freundschaft war es immer und nie mehr. Ines hätte es gern anders gehabt, doch obwohl es zwischen ihr und der Kollegin früher beharrlich knisterte, ist nichts daraus geworden. Jahrelang hat Ines versucht, den Mut, den sie selbst erst finden musste, auch in der anderen zu wecken. Es war alles vergeblich, und schließlich hat sie ihre Illusionen über Bord geworfen. »Die Gefühle sind weg«, sagt sie, aber ihre Miene ist nie ausdruckslos, wenn sie von Petra spricht. Zu bedeutend für das eigene Leben war die Erfahrung, diese Frau zu lieben, eine Frau zu lieben, Frauen zu lieben. Für Ines war es ein beschwerlicher Weg, und Verwunderung schwingt in ihrem Ton mit, als sie mir davon erzählt. Es ist ein Staunen über die eigene Vergangenheit – überhaupt fällt mir das Staunen auf, wenn sie spricht. Vielleicht ist es die Arbeit als Grundschullehrerin, die ihr ermöglicht, Erfahrungen mit der gleichen Intensität zu betrachten wie eine ABC-Schützin den ersten Buchstaben an der Tafel. Ines staunt über die Reaktionen ihrer Schülerinnen und Schüler, über das Kollegium, über ihre Familie und vor allem über die vielen Begebenheiten, die sich in ihrem Alltag als lesbische Lehrerin in der süddeutschen Provinz ereignen.

Ines lebt in Georgsgmünd, einer fränkischen Kleinstadt mit 7000 Einwohnern, 148 Gästebetten und einem allsommerlichen Kirchweihfest. Die Regionalbahn braucht knapp eine halbe Stunde bis in die Nürnberger Innenstadt; die Wege im Ort sind kurz, und auch die Grundschule, an der Ines arbeitet, kann sie von ihrer Wohnung aus zu Fuß erreichen.

Georgsgmünd ist auch Ines' Geburtsort. Sie wächst auf in einem Elternhaus, dessen Regeln wie die des ganzen Ortes von den Ge- und Verboten der Bibel vorgegeben werden. Aber Ines ist ein verträumtes Mädchen, sie schafft sich ihre eigene Welt, die sie am liebsten in der Kleidung des Bruders durchstreift. In ihrer Phantasie steht sie auf einer Mauer, springt eine ältere Schülerin aus der achten Klasse an, als sie vorüberkommt, und ringt sie nieder. Immer wieder malt sie sich das aus. Es ist die Vorstellung, stark zu sein, die ihr dabei besonders gefällt, doch die Realität sieht anders aus. Ines weiß, dass eine Zukunft vor ihr liegt, in der sie heiraten und Kinder bekommen wird. Vielleicht ist es auch diese Aussicht, die sie so häufig lieber träumen lässt.

Denn Ines' Gefühle gehen andere Wege. Als sie zwölf Jahre alt ist, bekommt sie eine neue Klassenlehrerin, die von den anderen Kindern bei jeder Gelegenheit geärgert wird. Ines aber beginnt für sie zu schwärmen, verliebt sich Hals über Kopf in die junge, unerfahrene Frau. Wenn die Klasse einen Ausflug macht, sucht Ines sich für die Bahnfahrt einen Platz in ihrer Nähe, streichelt heimlich über den Ärmel ihres weichen Pelzmantels, zupft sich zum Andenken unbemerkt ein Haar heraus. Sie spürt, dass etwas mit ihr vorgeht, aber einordnen kann sie es nicht; sie hat keine Ahnung, dass sich ein Mädchen zu Frauen hingezogen fühlen kann im Jahre 1966, in dem Doris Day als *Spion in Spitzenhöschen* im Kino zu sehen ist und Roy Black *Ganz in weiß* aus allen Kofferradios schmalzt. Das ganze Land dümpelt in postwirtschaftswunderlicher Selbstzufriedenheit vor sich hin, die Menschen sind wieder satt, ihre Sehnsüchte kreisen um den Urlaub am Strand von Rimini und die romantische Liebe zwischen Mann und Frau. Ines jedoch interessiert sich während ihrer ganzen Schulzeit nicht für Jungen, aber mit der Pubertät wächst der Druck der Kleinstadtgemeinde. »Ich habe immer dafür gesorgt, dass da jemand war, dass man nicht auf den Gedanken kommen konnte, ich könnte als Frau unattraktiv sein.« Sie sucht sich ihren ersten Freund, trifft instinktiv die richtige Wahl. Der Auserkorene ist ein Mitschüler, von dem sie Jahre später erfahren wird, dass er schwul ist. Die beiden lassen sich gegenseitig in Ruhe und sind ganz froh darüber. Der Schein ist gewahrt.

Was schon die Tagträume ihrer Kindheit ahnen ließen, tritt umso deutlicher hervor, je älter sie wird: Ines ist in erster Linie kreativ begabt, und in diese Richtung gehen dann auch ihre Berufswünsche. Graphikerin will sie werden, doch ihr Plan scheitert daran, dass sie die geforderte Mappe mit künstlerisch-gestalterischen Arbeiten nicht vorweisen kann. Sie weiß nicht, wie man so etwas macht, weiß nicht, wer ihr dabei helfen könnte und gibt diese Absicht auf. In ihrer Familie haben alle soziale Berufe, und weil einige ihrer Schulfreundinnen

Lehrerin werden wollen, entscheidet auch sie sich nun für diesen Beruf. Sie holt das Fachabitur nach und geht 1972 zum Studium nach München.

Inzwischen hat sich die politische Lage geändert. Jetzt sind es nicht länger die wachsamen Blicke der kleinstädtischen Nachbarschaft, die auf ihr lasten, sondern Oswald Kolle und die Poesie der 1968er: »Wer zweimal mit demselben pennt, gehört schon zum Establishment.«

Ines möchte zu denen gehören, die aufbegehren, und so befolgt sie deren Regeln. Schnell begreift sie, dass ein harmloses Techtelmechtel mit einem desinteressierten Schwulen in den neuen Kreisen nicht genügt, um akzeptiert zu werden. »Da musste man was vorweisen«, erklärt sie mir. In ihrer Sehnsucht nach Anerkennung lässt sie sich auf wechselnde Beziehungen ein, schläft mit Männern, für die sie nichts empfindet, spielt ihre Rolle und tut so, als ob, hofft, es würde ihr irgendwann einer gefallen. »Es war ein Lotterleben«, erinnert sie sich, »hart an der Grenze.« Die gebotene Freizügigkeit erlebt sie auch im progressiven Zeitgeist der 1970er Jahre als eine, die allein dem anderen Geschlecht zu gelten hat. Selbst in den Filmen kommen sexuelle Handlungen zwischen Frauen nur in Bezug auf männliche Interessen vor: »Zwei Frauen sitzen in der Badewanne und ein Mann kommt dazu ...«

Ines trinkt viel in dieser Zeit. Der Alkohol hilft ihr dabei, »massenweise Männer anzubaggern«, aber beides zehrt auch ihre Kräfte auf. Als sie »dicht vor dem Abgrund« steht, entscheidet sie sich, so nicht weitermachen zu wollen. Sie schließt ihr Studium ab und geht zurück nach Georgsgmünd, ist erschöpft und sehnt sich nach Ruhe, lernt einen Rechtsanwalt kennen, der Verlässlichkeit ausstrahlt und ihr in dieser schwierigen Phase ihres Lebens eine Stütze ist. »Er war so etwas wie der Mann an meiner Seite«, erklärt sie mir. »Er war vernünftig und ist nicht in mich gedrungen.«

Was folgt, liest sich zunächst wie die Bilderbuchbiographie einer heterosexuellen Kleinstadtlehrerin. Das Abenteuer der freien Liebe hinter sich lassend, kehrt Ines heim in den Schoß gutbürgerlicher Gottgefälligkeit. Sie wandert zwischen den Extremen, aber sie wandert noch immer am für sie falschen Ufer, heiratet den Rechtsanwalt, absolviert ihr Referendariat und wird verbeamtet. Im Schulalltag wird ihr klar, dass ihre Berufswahl letztlich eine gute war. Der Unterricht mit den Grundschulkindern lässt ihr viel Gestaltungsspielraum; wenigstens in Ansätzen kann sie hier ihre künstlerische Ader ausleben. So geht sie gerne in die Klassen, doch als sie Ende zwanzig ist, bekommt sie kurz hintereinander zwei Kinder und bleibt sechs Jahre lang der Schule fern. Sie liebt ihren Sohn und ihre Tochter, aber glücklich ist sie nicht – sie langweilt sich entsetzlich in einem monotonen Alltag. »Nur zu Hause zu sitzen und für die Kinder zu sorgen, das ist wirklich kein Leben gewesen. Es war eine schreckliche Zeit.« Als ihr Sohn in die erste Klasse kommt, sucht sie für die Tochter einen Platz in der Kita und findet den Weg zurück in die Schule. Dort lernt sie eine neue Kollegin kennen: Petra heißt sie, ist wie sie selbst Mitte dreißig, allerdings unverheiratet, und sie lebt allein. Die beiden Frauen verstehen sich auf Anhieb gut, beginnen schnell, sich auch privat zu treffen. Petra lädt Ines immer häufiger zu sich nach Hause ein. Eines Nachmittags ist Ines im Vorfeld einer Verabredung zum Einkaufen in der Stadt. Sie spürt eine heftige Vorfreude bei dem Gedanken an das kommende

Treffen mit der Kollegin, bemerkt sogar das Kribbeln in ihrem Bauch und wundert sich: »Was ist denn das? Bist du verliebt, oder was?«

Ines ist verliebt. »So was von gewaltig«, sagt sie, gerade so, wie es eben ist, wenn plötzlich ans Licht drängt, was ein halbes Leben lang im Dunkeln hatte bleiben müssen. Das Licht aber geht zunächst nur ihr auf, wenn sie die Kollegin ansieht, dabei ihre Gefühle genießt und sich gleichzeitig von ihnen quälen lässt. Petra spielt ausgezeichnet Klavier. Ines hört ihr dabei zu und betrachtet sie verstohlen, hält sich im Hintergrund und hängt nebenbei Petras Wäsche auf die Leine. Es ist ein vertrautes Miteinander. Die Freundinnen sitzen abends beim Wein zusammen, reden, berühren sich beiläufig oder nehmen sich in den Arm. Das ist schön. Aber das ist leider auch alles.

Ines verliert kein Wort über ihre Liebe. Ganze sieben Jahre lang schwärmt sie im Stillen, redet mit absolut niemandem darüber und ist tief unglücklich. »Es war eine saugute Zeit und gleichzeitig eine schreckliche.« Auch zu Petra sagt sie nichts, gerade zu Petra nicht, fürchtet sie sich doch vor dem, was geschehen könnte, wenn sie den Mund aufmacht. Immer spürt sie dieses Damoklesschwert über sich: »Was passiert, wenn das rauskommt?« Aber nicht nur die Angst vor der Antwort auf diese Frage lässt sie schweigen. In ihrer eigenen Vorstellungswelt ist Homosexualität etwas Schmutziges, Konspiratives, zu Versteckendes. Sie kennt keine lesbische Literatur, weiß auch nicht, wo Lesben sich treffen. Einmal gerät sie zufällig in eine CSD-Parade in München, sieht vorneweg Frauen auf Motorrädern, oben ohne und ansonsten in Lederkleidung, dahinter halbnackte Schwule. »Nee«, denkt sie,

»also nee!« Maskuline Frauen gefallen ihr zwar, aber diese »Ledertypen« findet sie furchtbar, kann sich nicht mit ihnen identifizieren, findet keine Orientierung. So begnügt sie sich weiter mit einer heimlichen Leidenschaft. Im Urlaub döst sie im Liegestuhl und gibt sich ihren Phantasien hin, die allein und ständig um die Kollegin kreisen. Irgendwann aber muss sie in die Realität zurück, in der die Kinder um sie herumtoben und »auch der Ehemann noch seine Ansprüche stellt.«

Die Situation wird immer unerträglicher für sie. Innerlich ist Ines völlig zerrissen, aber sie hält lange durch, steht vor der Klasse, korrigiert Aufsätze, pflegt die kranke Mutter und kümmert sich um den Haushalt. Erst wenn sie die Augen schließt, gehört sie sich selbst und ihre Gedanken Petra. »Heute Nacht träum' ich wieder von ihr«, sagt sie sich vor dem Einschlafen, und es sind ihre Sternstunden, wenn es tatsächlich so ist. Irgendwann aber kommt sie ins Grübeln: »Das kann doch nicht sein, dass man sich mit so was zufrieden gibt?«

Es ist ein Zweifel, der sich nicht mehr vertreiben lässt. Stetig nagt er an ihr, sorgt auf diese Weise dafür, dass endlich Bewegung in die vertrackte Lage kommt. Ines beginnt mehr zu wollen, geht das lange vermiedene Risiko ein. Es ist bereits das Jahr 1996, als sie all ihren Mut zusammennimmt und der Angebeteten einen Brief schreibt.

Vielleicht hat Ines so lange gezögert, weil sie längst ahnte, dass dieser Schritt sie nicht zum ersehnten Ziel führen würde. Und so ist es schließlich auch: »Es war das Ende«, stöhnt sie. »Es war so *nie-der-schmet-ternd*.« Sie betont jede Silbe einzeln und mit Nachdruck, als sie sich an die harte, schmerzhafte Landung auf dem Boden der Tatsachen erinnert.

Petra zieht sich zurück. Die einstige Vertrautheit weicht einer quälenden Befangenheit. Keine heimlichen Berührungen mehr, keine gemeinsamen Abende beim Wein. Ines leidet fürchterlich, doch in ihrer Verzweiflung findet sie auch heraus aus dem Elfenbeinturm ihrer Träume. Und dann kann sie handeln. Sie erzählt nun ihren Bekannten von ihren Gefühlen für Frauen, öffnet sich vorsichtig, doch alle um sie herum raten ihr, bei ihrem Mann zu bleiben, das »sichere Schiff ihrer Ehe« nicht zu verlassen. Sie redet lange mit einer befreundeten Tischlerin, deren Möbel in ihrer ganzen Wohnung stehen. Erst bei dieser Gelegenheit erfährt sie, dass diese Freundin eine lesbische Tochter hat, die nach Brasilien ausgewandert ist und in Rio de Janeiro lebt. Ines kennt die junge Frau kaum, aber kurze Zeit später bekommt sie Post von ihr. Sie hat von Ines' Problemen erfahren, und es ist der Brief dieser beinahe Fremden vom Zuckerhut, der ihr klarmacht, dass sie ihren Mann verlassen muss, und der ihr auch Mut macht, diesen Schritt zu gehen.

Ines kann nun mit ihrem Mann sprechen. Er hört sie an, dann schlägt er eine emotionale Minimallösung vor. »Man kann das doch irgendwie verbinden«, ist der Tenor. Aber Ines will nichts Altes mehr verbinden, sie will etwas Neues knüpfen, sie hat sich nicht durch das trostlose Tal der aussichtslosen Liebe gekämpft, um auf halbem Wege stehenzubleiben. Jetzt geht sie weiter, gibt eine Kontaktanzeige auf, obwohl sie immer riesige Vorbehalte gegen diese Art der Beziehungssuche hatte, stets annahm, das sei nur etwas für Menschen am unteren Ende der sozialen Hierarchie. Ein Leben lang hat sie sich um ihr Image gesorgt, aber nun versucht sie etwas anderes und wird belohnt. Durch die Annonce lernt sie eine Architektin kennen, mit der sie ihre erste sexuelle Beziehung mit einer Frau eingeht, 31 Jahre nachdem sie der Klassenlehrerin an den Pelz gegangen ist. »Wir haben überhaupt nicht zusammengepasst, aber das war mir so was von egal! Es war der Wahnsinn!« triumphiert sie und lacht.

Für Ines ändert sich mit dieser Erfahrung alles. Endlich finden ihre Phantasien den Weg in die Realität, sie hat das Gefühl, jemand habe einen Schalter umgelegt. Sie besucht Frauenkneipen, geht tanzen, verbringt den Sommerurlaub im Lesbencamp am Bodensee. Erneut erlebt sie Jahre, in denen die Beziehungen wechseln, aber diesmal macht es Spaß. Sie flirtet oft und turtelt viel, probiert sich aus wie ein Backfisch und empfindet auch so. »Ich lernte unheimlich viele Frauen kennen, war immer auf Wolke sieben und bin dann wieder runtergefallen und dann wieder hoch.«

Mit den ersten Frauenbeziehungen kommt auch die langersehnte Klarheit in ihr Leben. Sie trennt sich endgültig von ihrem Mann, wohnt aber zunächst der Kinder wegen noch im gemeinsamen Haus. Ihr Sohn ist mittlerweile 16, ihre Tochter 14 Jahre alt. Beide wissen von der Trennung der Eltern, kennen allerdings zunächst nicht den Grund. Ines wünscht sich das Gespräch mit den Sprösslingen. Und sie kauft sich neuen Schmuck. Als *Kommt Mausi raus?* im Fernsehen läuft, wundern sich ihre Kinder, als sie die Doppelaxt am Hals der Hauptdarstellerin sehen: »Trägt die Mama nicht auch so einen Anhänger?«

Was folgt, sind schwierige Auseinandersetzungen mit der Familie. Ines spricht mit ihren Kindern, die völlig unterschiedlich reagieren. Während ihr Sohn sich mit ihr freuen kann, weil sie strahlt und guter Dinge ist, zieht ihre Tochter sich erst einmal zurück, geht ihr aus dem Weg und verbringt jede freie Stunde bei ihrem Freund. Sie ist ein Familienmensch, sieht im Verhalten der Mutter den Grund, dass die Ehe der Eltern zerbrochen ist. Und es ist noch etwas anderes, das sie verstört: Sie fühlt sich »verraten und verkauft«, weil ihre Mutter nicht eher etwas gesagt hat, kann ihr jahrelanges Schweigen nicht verstehen, bedenkt nicht, dass »Mutti« nicht »Mausi« und ein Coming-out im richtigen Leben nicht in 90 Minuten zu schaffen ist. Das Vertrauen zwischen Mutter und Tochter hat einen Knacks; erst ganz allmählich gelingt es Ines, zu dem Mädchen durchzudringen. Hilfreich dabei ist, dass sie in dieser Zeit mit einer Frau zusammen ist, die sich auch mit den Kindern gut versteht und der es gelingt, eine Brücke zwischen Ines und ihrer Tochter zu bauen. Die Jugendliche beginnt langsam, die lesbische Mutter anzunehmen. Es ist ein langwieriger Prozess, aber schließlich begegnen die beiden sich eines Tages auf der Straße: Ines Hand in Hand mit der Freundin, die Tochter im Kreis ihrer Clique. »Das ist meine Mama«, sagt das Mädchen schließlich erhobenen Hauptes, und Ines spürt in diesem Moment, dass das Eis gebrochen ist. Ihr fällt ein Stein vom Herzen und wandelt sich zu einem weiteren Steinchen am richtigen Platz im Mosaik ihres neuen Lebens.

Im Herbst 1998 zieht Ines aus dem Haus der Familie aus. Erst jetzt redet sie auch mit ihren Eltern, die zwar mitbekommen hatten, dass es in ihrer Ehe kriselte, aber nichts Genaueres darüber wussten, obwohl sie im selben Ort leben. Da Ines streng katholisch erzogen wurde, kommt es für sie nicht überraschend, dass ihr Vater sie tadelt, als sie den Grund der

Trennung nennt. Was sie tut, sei gegen Gottes Willen, grummelt er. Doch ihre Mutter, eine stattliche Frau, die für gewöhnlich durch nichts so leicht zu erschüttern ist, versetzt sie in Erstaunen. Sie »fängt hysterisch an zu heulen«. Es ist ein Ausbruch, der in seiner Vehemenz ganz und gar nicht zu ihr passen will. Die Heftigkeit der Erschütterung schockiert Ines, ist ihr ebenso ein Rätsel wie die Karte, die sie kurz darauf von der alten Dame zum Geburtstag bekommt. »Es waren Schneeglöckchen darauf, obwohl ich im November Geburtstag habe«, erinnert sie sich noch heute an alle Einzelheiten. Und es ist nicht nur das saisonfremde Pflänzchen, das sie irritiert, sondern vor allem der Text: Ines solle es sich doch noch einmal überlegen, insistiert ihre Mutter, Gott verzeihe alles, auch sie selbst habe einmal eine zweite Chance bekommen. Ines kann sich keinen Reim darauf machen, das Verhältnis zu ihrer Mutter bleibt angespannt, bis die inzwischen gebrechliche Frau zu einer Operation mit ungewissem Ausgang ins Krankenhaus muss. »Da hat sie gesagt, dass ich mein Leben leben soll.« Ines versteht diese Äußerung als erteilten Segen, als Einverständnis, über das sie besonders froh ist, weil ihre Mutter wenig später ihrer Krankheit erliegt. Ein Tagebuch im Nachlass der Verstorbenen offenbart schließlich die Erklärung für ihre extreme Reaktion: Auch Ines' Mutter hatte sich mehr als einmal in Frauen verliebt!

Ines outet sich zum Zeitpunkt der Trennung von ihrem Mann vor der Familie und den Freundinnen, in der Schule jedoch zunächst nicht. Es ist schwer, immer selbst in die Offensive gehen zu müssen, und Ines hat damit in ihrem Privatbereich vorerst genug zu tun. Manchmal wünscht sie sich, eine Kollegin oder ein Kollege würde sie einmal auf die Veränderungen in ihrem Leben ansprechen, auch auf ihre Liebe zu Frauen, aber das passiert nicht. Sie wird geschieden, und weil sie »dem ganzen Bereich Sex, Liebe und Frauen auch den Aspekt der Politik hinzufügen« möchte, beginnt sie im LSVD, dem Lesben- und Schwulenverband Deutschland, der sich politisch für die Rechte gleichgeschlechtlich Liebender einsetzt, mitzuarbeiten. In diesem Rahmen lernt sie Lesben und Schwule kennen, mit denen sie sich wohlfühlt und die ihr Selbstbewusstsein im Umgang mit der heterosexuellen Umwelt stärken. Mit ihnen zusammen erarbeitet sie eine Broschüre, in der sie als Ansprechpartnerin namentlich aufgeführt ist. Sie beschließt, das Heft in der Schule vorzustellen und auf diesem Wege »gleich alles in einem Aufwasch zu machen.« Und wieder staunt sie, als sie mir erzählt: »Es kam null Reaktion.«

Sie sagt es so, doch eigentlich gibt es durchaus eine Rückmeldung: Einige Lehrkräfte versichern Ines, wie mutig sie es finden, dass sie über ihr Lesbischsein spricht; andere fragen, ob das denn sein müsse, dass sie ihnen davon erzählt, verübeln ihr die Entscheidung, gegen den Strom zu schwimmen, als Arroganz. Worauf Ines vergeblich hofft, ist ein Eingehen auf die Broschüre, auf ihre Inhalte und Forderungen. Sie ist enttäuscht, aber mit den Leuten vom LSVD im Rücken ist sie in der Lage zu sagen: »Sei's drum.« Eine Kränkung steckt schon in diesem verbalen Abwinken, doch letztlich ist die Verblüffung größer als die Frustration. Viele Jahre ihres Lebens hat sie dem Anpassungsdruck ihrer Umwelt geopfert. Jetzt hat sie ihre Angst überwunden, und das Verhalten des Kollegiums weckt in erster Linie ihren Kampfgeist. »Ich habe die nicht geschont«, versichert sie mir.

Ines geht aufs Ganze. Sie entwickelt Forderungen zur Unterrichtsgestaltung, bringt neue Bücher ins Klassenzimmer und stellt in der Schule ihre Freundinnen vor. Wenn die anderen nach den Ferien von den Erlebnissen mit ihren Familien erzählen, spricht sie vom Urlaub mit der Geliebten. Sie trauert um all die verlorenen Jahre, in denen sie ihrer Sehnsucht aus Angst, dass »es rauskommt«, nicht nachgegeben hat. Jetzt kommt es raus, soll es raus, muss es raus. Als die Elternvertretung das ganze Kollegium zu einem Fest einlädt, bringt sie ihre Freundin mit, spielt mit ihren Grenzen. »Knutschen ist nicht«, entscheidet sie sich, aber sie tanzt eng umschlungen mit ihr, eindeutig, wie sie mir erklärt.

Petra arbeitet heute nicht mehr an Ines' Schule. Solange sie da war, ging sie immer wieder einen Schritt auf Ines zu und drei von ihr weg. Ines hatte noch nicht endgültig mit ihr abgeschlossen, doch ihre Gefühle hatten sich gewandelt, waren inzwischen eher trotzig als liebevoll geworden. »Irgendwann verführ' ich die«, sagte sie sich, und tatsächlich küsste sie die Kollegin eines Tages, aber Petra wurde stocksteif, reagierte beinahe panisch. Ines hat nie erfahren, was in ihr vorging; ob sie wollte und sich nicht traute, oder ob sie nicht wollte und es nicht klar sagen konnte. Der Kuss war Ines' letzter Versuch, eine Antwort auf diese Frage zu finden; dann hat sie das Kapitel abgeschlossen. Vor zwei Jahren ist Petra fortgezogen. Sie lebt und arbeitet heute in der Nähe von Rosenheim, und Ines hat nur noch sporadisch Kontakt zu ihr.

Heute ist Ines mit einigen Lehrerinnen und Lehrern befreundet, anderen ist sie lästig in ihrer offensiven Art. Sie wollen nicht ständig mit ihrem Lesbischsein konfrontiert werden und auch nicht mit der Perspektive, die sie inzwischen einnimmt. Als das Kollegium eines Tages nach einer Zeugniskonferenz noch zu einem gemeinsamen Essen zusammensitzt, kommt das Gespräch auf ein junges Lehrerehepaar. Die ganze Runde ist sich einig, dass sich die meisten Beziehungen doch am Arbeitsplatz entwickeln. »Das stimmt vielleicht bei Heteros – bei Lesben und Schwulen ist das anders«, wirft Ines ein und erntet betretene Blicke. Niemand sagt: »Ja, das stimmt, das haben wir nicht bedacht.« Niemand fragt: »Wo hast du eigentlich deine Partnerin kennengelernt?« Es herrscht verdrießliches Schweigen am Tisch, nur ein Kommentar offenbart die Ratlosigkeit der pädagogisch geschulten Runde: »Wowereit ist ja auch schwul.«

Erfrischender sind die Kinder in ihrer Aufgeschlossenheit und der Bereitschaft, sich auf Ungewohntes einzulassen. Da sie noch sehr jung sind, bringt Ines ihnen das Thema Homosexualität auf eine sehr konkrete, beispielhafte Art nahe. So erzählt sie ihnen, dass sie eine Freundin hat, die sie sehr mag, und dass sie deshalb manchmal mit ihr im Bett liegt und kuschelt. Sie hat mit den Eltern darüber gesprochen und denkt, dass manche Schülerin, die als Frau selbst einmal lesbisch sein wird, sich später daran erinnern wird, dass sie eine lesbische Lehrerin und somit so etwas wie ein Vorbild hatte. Ines will das Stigma der Anrüchigkeit vertreiben, das in den Köpfen der Schülerinnen und Schüler noch immer wie eine Staubschicht auf der Vorstellung von Homosexualität liegt. Denn sie merkt schon, dass die Kinder am Anfang zusammenzucken, wenn sie im Unterricht aus einem Buch vorliest, in dem das Wort »schwul« vorkommt. Sie kennen den Begriff nur als Schimpfwort; für sie ist es neu, ihn ohne negativen Beiklang zu hören. Aber sie lernen, gewöhnen sich daran. Ines sagt ihnen, sie sollen ruhig ihren Eltern erzählen, dass sie aus diesem Buch vorgelesen hat, sollen mit ihnen über das Thema reden. Die Rückmeldungen ihrer Schützlinge sind dabei sehr unterschiedlich; einige Kinder tun es, andere nicht; ein Mädchen kommt zu ihr und berichtet aufgeweckt: »Ich wollte geraaade mit meiner Mama darüber reden, da kam meine Oma ...«

War es ein Hindernis, dass die Oma kam? Hat das Mädchen von ihr schon einiges gehört, was sie vermuten ließ, dass sie geschockt wäre oder missbilligend? Oder hat sie intuitiv gespürt, dass die Oma etwas im Gepäck hat, was die Kleine noch nicht belastet? Kinder sind Neulinge auf dieser Welt. Sie geben nicht viel auf Tradition und Erfahrung; Vergangenheit und Geschichte sind für sie nicht interessanter als der berühmte Schnee von gestern. Sie machen sich ihr eigenes Bild aus dem, was sie sehen. Das wird manchmal auch deutlich, wenn Ines im Unterricht mit ihnen über die Möglichkeit verschiedener Lebensentwürfe arbeitet. »Wer lebt mit wem zusammen?« heißt die Übung, und ein Schüler stellt nüchtern fest: »In unserem Haus wohnen zwei Männer zusammen. Die sind auch schwul. Und die haben auch einen Hund.« Er hebt das Gemeinsame hervor, nicht das Trennende, sieht den Alltag. Auf diese Weise entsteht allmählich ein Klima der Selbstverständlichkeit. Als Ines eines Tages mit einer Klasse ein Theaterstück einstudiert, übernimmt eines der Mädchen eine Männerrolle, weil die Zusammensetzung der Gruppe es erfordert. Die Zehnjährige hält nicht viel vom Abstrahieren und weigert sich daher zunächst, eine Szene zu spielen, in der sie nach Hause kommen und ihrer/seiner Frau etwas Liebes sagen soll. Das ginge doch nicht, protestiert sie, schließlich sei sie doch ein Mädchen und kein Mann. Es ist eine Mitschülerin, die das Problem zu lösen vermag. »Dann stell dir doch einfach vor, du bist lesbisch«, empfiehlt sie. Die Schauspielerin ist einverstanden, der Vorschlag klingt plausibel. »Ach so, also gut, dann geht das ja«, sagt sie und legt los.

Manchmal hat Ines auch Schülerinnen in der Klasse, von denen sie sich vorstellen kann, dass sie einmal lesbisch leben werden. Doch anders als noch vor fünf Jahren ist es nicht mehr so, dass sie versucht, gerade diese Mädchen besonders zu unterstützen. Jetzt will sie vor allem den anderen bewusst machen, wie eine Frau auch sein kann. Sie glaubt, die jungen Lesben gingen heute ihren Weg, aber für die heterosexuellen Frauen könne es wertvoll sein, unabhängig von der sexuellen Orientierung ein größeres Spektrum weiblicher Rollenbilder vor Augen zu haben.

Obwohl Ines zu den Eltern ihrer Schülerinnen und Schüler ein gutes Verhältnis hat, reagieren auch sie manchmal verunsichert, wenn es um ihr Lesbischsein geht. Eines Tages fährt sie nach Nürnberg zum CSD. Dort wird sie von einem Reporter um ein Statement zu ihrer Arbeit beim LSVD gebeten. Sie gibt dem Mann ein Interview, stimmt auch einem Foto zu. Ines weiß, dass in ihrer Gemeinde alle die Zeitung abonniert haben, für die er berichtet. Jeden Morgen lugt sie aus den Briefkästen der gesamten Nachbarschaft. Spätestens jetzt ist sie bei allen out, denkt sie sich daher. Es ist ein mulmiges Gefühl, aber es ist auch in Ordnung. Tatsächlich dauert es nicht lange, da sprechen die Leute sie an: »Du bist in der

Zeitung«, sagen sie. »Ist ja wirklich ein tolles Foto von dir! Du bist ja so gut getroffen! Du siehst total klasse aus auf dem Bild!« Viele sagen ihr das, aber über das Interview, über ihr Statement, über den Zusammenhang, in dem das Foto steht, verlieren sie kein Wort.

In eben jenem Sommer, in dem der Zeitungsartikel erscheint, entsteht an Ines' Schule die Idee, altersgemischte Klassen zu gründen. Da sie stets dafür zu begeistern ist, innovative Unterrichtsformen auszuprobieren, erklärt sie sich bereit, eine solche Klasse zu übernehmen. Neben ihr gibt es noch eine weitere Lehrerin, die sich dafür entscheidet. Ines ist mit ihr befreundet. Auch ihr eilt der Ruf voraus, eine progressive Pädagogin zu sein. Und nun grübeln die Eltern auf dem örtlichen Sommerfest: Was sollen sie tun? Eine Regelklasse sei ja schön und gut, wägen sie ab, aber eine altersgemischte Klasse sei ja auch nicht schlecht, gerade wenn es um soziales Lernen gehe. Ines schmunzelt etwas ketzerisch. »Tja, und dann gibt es zwei Damen, die das machen wollen: Die eine ist verschrien, dass sie alle Kinder zum Psychiater schickt, und die andere ist lesbisch.«

Ines kann sich darüber amüsieren, denn die meisten Eltern melden ihre Kinder schließlich bei ihr und der seelenkundebegeisterten Kollegin an. Lediglich eine Mutter entscheidet sich dagegen, weil sie nicht will, dass ihr Sohn bei einer lesbischen Lehrerin in die Klasse geht. Ines bedauert das sehr, als sie davon hört, doch mit dieser Quote kann sie leben in einem Ort, der auch in der Region als besonders konservativ und bibeltreu gilt. Auch sonst erlebt sie keine Anfeindungen durch Eltern. »Die fressen mir alle aus der Hand«, sagt sie, und es ist der feste Glaube an ihre berufliche Kompetenz, der ihr diese Zuversicht verleiht, wie auch die Überzeugung, dass die Eltern im Falle irgendeines Konflikts ihre pädagogischen Fähigkeiten über alles andere stellen würden. Lesbisch zu sein behindere auch ihre Karrieremöglichkeiten nicht. Denn wenn auch der Umgang mit ihr in der Gemeinde gelegentlich von Unsicherheit geprägt ist, so erfährt sie andererseits viel Anerkennung für ihr Engagement. Eine berufliche Entwicklung in Richtung Schulleitung strebt sie allerdings nicht an. »Ich bin ein chaotischer Typ«, sagt sie und winkt ab. »Allein eine Schulklasse samt Eltern zu führen bringt mich in organisatorischer Hinsicht an meine Grenzen.«

Heute lebt Ines bewusst allein. Im Rückblick auf ihr bisheriges Leben sagt sie resümierend: »Ich bin sehr glücklich darüber, dass ich meine Kinder habe, aber im Grunde war alles, was ich bis zu meinem Coming-out gelebt habe, nur die Vorbereitung für das, was später kam.« Wieder beginnt sie zu träumen: Zehn Jahre jünger wäre sie heute gern, denn sie hat viel Arbeit, steckt mitten in den Wechseljahren, und ihr Bedürfnis, sich mit dem Älterwerden auseinanderzusetzen, passt gerade nicht gut zu ihrem Gefühl, im Zusammensein mit Frauen etwas nachholen zu müssen. Vielleicht auch weil es bei ihr so lange gedauert hat mit dem Coming-out, denkt sie viel über die Zukunft nach, um fortan die richtigen Weichen zu stellen. Über viele Jahre hat sie ihre Mutter gepflegt; sie weiß, »dass es eine blöde Zeit ist, die da kommen kann.« Deshalb plant sie zusammen mit zwei weiteren Lesben in Nürnberg ein gemeinsames Leben in separaten Wohnungen innerhalb eines Gebäudekomplexes, eine Art Lesben-WG, die ihr den Freiraum lässt, den sie nicht mehr missen möchte. Sie sehnt sich nach Ruhe, braucht eine Pause nach den tiefgreifenden Veränderungen, die hinter ihr liegen, aber schon wieder ist sie in Bewegung. Sie kann die Uhr nicht zurückdrehen, kann nicht noch einmal zehn Jahre jünger sein, doch aus den heimlichen Träumen der Vergangenheit sind konkrete Visionen geworden. Sie zu verwirklichen liegt allein bei ihr.

Die Europäerinnen und Europäer haben das Recht auf Gleichbehandlung und auf ein Leben ohne Diskriminierung. Das Europäische Jahr der Chancengleichheit für alle *soll dafür sorgen, dass auch alle Menschen davon erfahren.* Vladimir Špidla, EU-Kommissar[4]

Exkurs: Das ist pädagogisch angezeigt – Lesbische Lehrerinnen in der GEW

In den vielen persönlichen Gesprächen, die ich mit lesbischen Lehrerinnen führte, schilderten mir sehr unterschiedliche Frauen die Vielfalt ihrer Ansichten und Lebenssituationen. Dabei kristallisierte sich heraus, dass sich bei aller Unterschiedlichkeit der von ihnen berichteten Erfahrungen ein Bedürfnis wie ein roter Faden durch alle Interviews zog, eine Notwendigkeit immer stärker hervortrat: Lesbische Lehrerinnen brauchen einen verlässlichen Rückhalt für den Fall, dass sie in ihrem Berufsalltag auf Probleme stoßen, die im Zusammenhang mit ihrer Homosexualität zu sehen sind. Die Gewerkschaften sind hier in besonderem Maße angesprochen und gefordert, doch auch für Personalrätinnen und Funktionäre ist der Umgang mit Lesben und Schwulen häufig von Befangenheit und mangelndem Wissen geprägt. So ist es besonders wichtig, dass es Lehrkräfte gibt, die mit ihrer politischen Arbeit dazu beitragen, ein Klima der Akzeptanz an den Schulen, in den zuständigen Ministerien und nicht zuletzt in den Reihen der Gewerkschaftsmitglieder selbst zu schaffen. Zwei solcher Lehrerinnen sind Anne Huschens und Ruth Schwabe, die sich seit vielen Jahren im Stuttgarter Arbeitskreis Lesbenpolitik in der GEW Baden-Württemberg engagieren.

Anne Huschens erzählt, dass sie über die »feministische Schiene« zur Gewerkschaft gekommen ist. Lange Zeit war sie Frauenvertreterin und arbeitete im Frauenausschuss mit, aber irgendwann fragten sich die Lesben in diesem Gremium, wo sie denn mit ihren Anliegen blieben, mit denen sich die heterosexuellen Frauen ebenso schwertaten wie die Funktionäre in der GEW überhaupt: »Das Wort mit L wollte denen nicht über die Lippen«, witzelt Anne Huschens und karikiert mit gespielt angestrengter Miene den vergeblichen Versuch, es auszusprechen. So gründeten die lesbischen Lehrerinnen schließlich selbst einen Arbeitskreis, der in der ersten Phase vor allem dazu diente, die eigenen Themen ins Blickfeld zu rücken und sich gegenseitig zu bestärken.

In dieser Zeit kam auch Ruth Schwabe in die Gruppe. Sie hatte lange Jahre in einem schwäbischen Dorf am Gymnasium unterrichtet, war Teil eines kleinen Kollegiums, das aus elf Männern und nur drei Frauen bestand. In dem ebenso familiären wie provinziellen Klima dort war es für sie unmöglich sich zu outen, und als sie sich einer der wenigen Kolleginnen anvertraute, bekam sie zu hören: »Ach, jetzt weiß ich, warum du immer so zugeknöpft bist, du erzählst ja nichts von dir.« Ruth Schwabe ließ sich nach Stuttgart versetzen und nahm sich vor, nicht länger versteckt zu leben. Sie besuchte einen Wochenendworkshop der lesbischen Lehrerinnen zum Thema »Coming-out am Arbeitsplatz« und mischte fortan in der Gruppe mit.

Standen am Anfang vor allem Selbsthilfe und Unsicherheit, Fragen wie »Was erlebst du an der Schule?« oder »Was darf ich mich trauen?«, gewannen die Frauen mit der Zeit immer mehr Sicherheit. »Muss das denn sein?« wurde Anne Huschens eines Tages von ihrem Schulleiter gefragt, als sie ihm mitteilte, dass sie die Tatsache, dass sie lesbisch ist, nicht länger verschweigen würde. »Ja, das muss sein«, antwortete sie bestimmt. »Das ist pädagogisch angezeigt.« Heute nimmt sie ihren Alltag in die Schule mit. »Na, haben Sie Ihre Freundin noch?« wollte ein Schüler dann auch nach den letzten Sommerferien von ihr wissen. »Ja, und du?« erkundigte sie sich daraufhin auch bei ihm, und nachdem er freudestrahlend genickt hatte, konnte das neue Unterrichtsjahr beginnen.

Auch Ruth Schwabe hat sich mittlerweile geoutet. Einmal gab es Probleme, weil eine Clique ihrer Schülerinnen sich gezielt und ausgiebig dem Mobbing anderer widmete und auch sie ins Visier nahm. In dieser Situation musste sie feststellen, dass der von ihr angesprochene Personalrat zwar bereit, gleichzeitig aber nicht in der Lage war, ihr beizustehen. Niemals zuvor waren seine Mitglieder mit Homophobie konfrontiert worden, nie hatten sie auch nur darüber nachgedacht, wie sich eine lesbische Lehrerin wohl fühlen, was sie wohl brauchen könnte, wenn jemand sie im Berufsalltag attackiert. »Den größten Rückhalt gaben mir damals meine Lebensgefährtin und der Arbeitskreis Lesbenpolitik«, resümiert Ruth Schwabe rückblickend. Gemeinsam mit den Frauen dort fand sie einen Weg, das Problem anzugehen. Mit dieser Unterstützung konnte sie offensiv werden, mit der betreffenden Klasse ins Gespräch kommen und auf diese Weise die Luft aus dem Thema lassen. Und sie gewann die ungemein erleichternde Einsicht: Es war nicht die ganze Klasse, die sie angriff, es war nur eine kleine Gruppe.

Viele lesbische Lehrerinnen wenden sich an den Arbeitskreis, wenn im Berufsalltag Schwierigkeiten auftreten oder manchmal auch nur befürchtet werden: Was tun mit dem christlich motivierten Vater beim Elternabend, der nicht will, dass seine Tochter von einer lesbischen Lehrerin in Sexualkunde unterrichtet wird? Wie reagieren, wenn ein paar Kinder in der Klasse murren, weil sie nicht mit der Lesbe ins Schullandheim fahren wollen? Für die ratsuchenden Lehrerinnen ist es allein schon wichtig, ein Forum zu finden, in dem sie mit ihren Sorgen gehört werden. Darüber hinaus führt der Arbeitskreis aber auch Workshops durch, in denen solche Fragen mit verteilten Rollen durchgespielt werden können. Und dabei zeigt sich dann: Wo dich jemand beschimpft, gibt es oft auch jemanden, der dich in Schutz nimmt. Du kannst nicht das Verhalten der anderen im Vorfeld kontrollieren, du kannst nicht immer verhindern, dass jemand etwas gegen dich vorbringt. Es kann sich jemand daran stören, dass du lesbisch bist, es könnte aber auch etwas anderes sein. Und: Es ist vor allem nicht dein, sondern sein/ihr Problem. Oftmals zeigt sich im Austausch, dass die konkrete Betrachtung potentieller Konflikte es ermöglicht, den viel bedrohlicheren, weil diffusen und schwer fassbaren Phantasien Einhalt zu gebieten.

Eine weitere Tätigkeit des Arbeitskreises ist die Beratung in rechtlichen Fragen. Manchmal kommen Referendarinnen am Beginn ihres Berufslebens und wollen wissen, ob sie mit den Beamtenstatuten in Konflikt geraten, wenn sie sich outen. Andere möchten sich darüber informieren, wie es mit der Versetzung bei eingetragenen Lebenspartnerschaften steht. Der Arbeitskreis Lesbenpolitik hat hier gemeinsam mit der GEW-Hauptpersonalrätin eine Gleichbehandlung mit der Ehe durchgesetzt. Und mit der Bundesarbeitsgemeinschaft Lesben und

Schwule in der GEW haben die Frauen einen Ratgeber herausgebracht, in dem Personalräte und Schulleitungen dazu aufgefordert werden, für ein Schulklima zu sorgen, in dem sich auch Lesben und Schwule mit ihrer ganzen Persönlichkeit einbringen können. Anne Huschens findet es in diesem Zusammenhang besonders wichtig, dass homosexuelle Lehrkräfte nicht immer perfekt sein müssen. »Immer heißt es doch: wenn schon lesbisch oder schwul, dann aber bitte auch besonders gut und besonders beliebt«, meint sie. Auch wenn es keine konkreten Untersuchungen dazu gibt, so glaubt sie doch, dass viele Lesben und Schwule auf diese im Raum stehende Forderung mit einem Überengagement reagieren, das möglicherweise zum Burn-out führen kann. Daten hierzu gibt es nicht.

So will die Gruppe mit ihrer Arbeit zu einem Bewusstseinswandel beitragen. Sie ist alljährlich auf dem Stuttgarter CSD präsent, konfrontiert die am Rand stehenden Neugierigen mit gängigen Vorurteilen und trägt politische Statements auf Transparenten vor sich her. Während die Frauen hier viel Zuspruch erfahren, bleibt der Kampf mit dem Ministerium um die Aufnahme homosexueller Themen in die Lehrpläne und um die Sichtbarkeit von Lesben und Schwulen in den Schulbüchern ein schwieriges Unterfangen im konservativ-religiös geprägten Baden-Württemberg. So reagieren die amtlichen Stellen auf die Forderungen des Arbeitskreises immer wieder mit Textbausteinen, die sich auf das »in der Verfassung verankerte Primat von Ehe und Familie« berufen.

Die lesbischen Gewerkschafterinnen erleben es nicht selten, dass der Gegenwind aus den eigenen Reihen kommt. Auch wenn diese Erfahrung für sie jedes Mal besonders frustrierend ist, sind sie sich dennoch einig: Geoutet wird niemand.

Es bleibt noch viel Überzeugungsarbeit zu leisten. Anne Huschens und Ruth Schwabe führen Workshops innerhalb der GEW, an Schulen und an Universitäten durch. Einmal haben sie ein Pädagogik-Seminar in einer Kleinstadt in der tiefsten katholischen Provinz besucht, und sie erinnern sich noch heute gut daran, mit welchen Ängsten die Studentinnen in ihre Veranstaltung kamen. Erst der Hinweis, dass sich die Frauen in ihrer Rolle als Pädagoginnen ja auch um lesbische und schwule Jugendliche kümmern müssen, hat den Weg für die Beschäftigung mit dem Thema geebnet. Eine Studentin berichtete sogar, dass ihr Freund im Vorfeld »totalen Terror machte«, weil sie an diesem Seminar teilnehmen wollte. Sie ließ sich von seinem Auftritt jedoch nicht beirren, sondern nahm das Angebot der lesbischen Gewerkschafterinnen an, die Welt einmal aus einem für sie ungewohnten Blickwinkel zu betrachten. Denn für die Arbeit zum Thema lesbische und schwule Lebensweisen ist es wichtig, dass die Pädagoginnen auch typische Geschlechterrollen hinterfragen oder sich überlegen, »wann und wie sie heterosexuell geworden sind.« Das Ziel dabei ist, eine Sichtweise zu entwickeln, »bei der nicht immer lesbisch oder schwul zu sein als besonderes Merkmal in Erscheinung tritt.«

Für neue Denkansätze werben Anne Huschens und Ruth Schwabe auch im Rahmen von Personalratsschulungen. Rückenwind bekommt ihre Arbeit mittlerweile durch das neue Antidiskriminierungsgesetz. Bereits zweimal konnten sie in gutbesuchten Fortbildungen jeweils mehr als 150 Teilnehmerinnen und Teilnehmern vermitteln, »dass es in den Belegschaften eben auch Lesben und Schwule gibt und dass die Personalrätinnen und Personalräte auch für deren Belange zuständig sind.« Zunächst waren die Angesprochenen sehr zurückhaltend, aber als es den lesbischen Gewerkschafterinnen gelang, durch Rollenspiele ihr Interesse zu wecken, wurden sie offener. Im Nachhinein gaben sie eine positive Rückmeldung, die vermuten ließ, dass sie begriffen und in den Übungen möglicherweise auch einmal gespürt haben, worum es geht. Auf diese Weise sensibilisiert, werden sie irgendwann aufgeschlossen und kompetent reagieren können, wenn sie im Rahmen ihrer Personalratstätigkeit vielleicht einmal von einer lesbischen Lehrerin oder einem schwulen Lehrer um Unterstützung gebeten werden.

Bezeichnend ist, dass ein Problembewusstsein bei den Kolleginnen und Kollegen aus den Personalvertretungen erst entstehen musste. Ihre Haltung gegenüber dem Arbeitskreis Lesbenpolitik ist oft noch ambivalent; einerseits sind sie stolz, eine so aktive Gruppe in ihren Reihen zu haben, andererseits tun sie sich schwer, ein politisches Statement zugunsten der Lesben abzugeben, wenn sie in offiziellen Funktionen sind. Aber das stete Beharren der Frauen zeigt Wirkung. »Das Wort mit L können sie mittlerweile alle aussprechen«, versichert mir Anne Huschens und lacht. »Auch wenn hier in Schwaben natürlich manch einer ›Leschben‹ sagt.«

Kein Gesetz, kein Erlass, keine Dienstvorschrift schränkt im öffentlichen Dienst die Berufstätigkeit lesbischer und schwuler Lehrkräfte, Wissenschaftlerinnen und Wissenschaftler, Sozialpädagoginnen und Sozialpädagogen ein. Dennoch fällt es gerade im Bildungsbereich vielen schwer, Farbe zu bekennen. Es bleibt eine Grauzone aus Ängsten, Vorurteilen, nicht einwandfrei nachweisbaren Benachteiligungen und homophoben Äußerungen.

Aus einem GEW-Ratgeber zum Thema
Lesben und Schwule in der Schule[5]

Warum schießen die eigentlich gegen mich?

Judith Ellerbrock, 43 Jahre

Solange sie zurückdenken kann, ist Judith eine Pferdenärrin. Schon als kleines Mädchen ritt sie über die Felder und Wiesen der ländlichen Gegend um Husum, in der sie aufwuchs. Bis heute fühlt sie sich wohl im Sattel, liebt den Galopp über Stock und Stein ebenso wie das Leben inmitten der Natur. Die Stadt ist nichts für sie, und so führt mich der Weg zu ihr in die Gemeinde Brekendorf mitten in den Hüttener Bergen, die eigentlich sanfte Hügel sind, eingebettet in die ansonsten flache Erde zwischen Nord- und Ostsee. Es ist eine Gegend, in der Familien den Sommerurlaub auf dem Bauernhof verbringen und Durchreisende kurz am Straßenrand halten, um Eier und frische Milch zu kaufen. An einem kalten Morgen im März parke ich meinen Wagen vor Judiths Haus, an das ein kleiner Stall und eine Koppel grenzen. Es liegt noch Reif auf dem Zaun, der ihr Grundstück umfasst, aber Judith weist mich bei unserer Begrüßung auf die Krokusse hin, die in ihrem

Garten bereits den Frühling erahnen lassen. Ein Dobermann kommt plötzlich von irgendwo her, bellt mich an und springt an mir hoch. Verschreckt weiche ich zurück, aber Judith beruhigt mich sofort: Der Hund müsse mich nur kurz beschnuppern, er sei ein ganz Lieber und »erstaunlich sanftmütig für einen Rüden.«

»Wenn ich heute noch einmal an eine neue Schule käme, würde ich das nicht mehr machen.« Mit diesem Satz fasst Judith zusammen, zu welcher Überzeugung sie gekommen ist, nachdem sie sich an ihrer Schule geoutet hat, einige Zeit später Probleme mit den Eltern der Schülerinnen und Schüler bekam und bis heute nicht weiß, woran es lag: Gab es nur vehemente Meinungsverschiedenheiten über pädagogische Vorgehensweisen? Verbirgt sich im Verhalten der Mütter und Väter eine gut getarnte Homophobie? Oder war es am Ende eine Mischung aus beidem – ein anfangs unterrichtsbezogener Konflikt, der künstlich hochgekocht und am Leben gehalten wurde, weil Judith lesbisch ist? Seit über einem Jahr lässt diese Frage sie nicht los, und allein um darüber Klarheit zu gewinnen, wünschte sie manchmal, es sei nicht bekannt, dass sie Frauen liebt.

Dabei findet sie es eigentlich angenehm, sich nicht mehr verstecken zu müssen. Der vertraute Umgang mit ihrer Freundin, mit der sie seit sechs Jahren in einer festen Beziehung lebt und die im Nachbardorf Erzieherin ist, ruft nun keinerlei Verwunderung mehr hervor. Arm in Arm gehen sie dennoch nicht spazieren. »So sind wir einfach nicht«, erklärt mir Judith, und trotz dieser Zurückhaltung wissen in der Gegend inzwischen alle, welcher Art die Beziehung der beiden Frauen ist. Auch Judiths eigene Eltern haben schon seit langem begriffen. Mittlerweile haben sie ihre Freundin als Partnerin akzeptiert und in die Familie aufgenommen. Länger als bei den Freundinnen ihrer Brüder habe es gedauert, aber jetzt »kriegt auch sie ihre fünfzig Euro zu Weihnachten.« Judith sagt es recht beiläufig und lacht. Für sie selbst ist das Lesbischsein kein Thema, das sie besonders herausgestellt sehen will. »Ich bin, wie ich bin« war immer ihre Devise. Viele Jahre lang wusste daher auch an der Schule niemand von ihrer Homosexualität. »Und das war gut so«, bringt sie mit Nachdruck hervor und konterkariert auf diese Weise den ganz anders zu Ehren gekommenen Satz. »Das war mir nicht wichtig, das habe ich außerhalb in meinen privaten Beziehungen gelebt.« In beiläufigem Ton untermauert sie ihre Haltung, die sie auch vertritt, wenn es um Unterrichtsfragen geht. Deutsch und Religion sind ihre Fächer, aber das Thema gleichgeschlechtliche Liebe kommt in ihren Stunden allenfalls am Rande vor. »In Religion habe ich schon mal was gemacht über Liebe und als Anhängsel Homosexualität und wie die Kirche das sieht. Aber Homosexualität im Unterricht zu thematisieren ist auch nicht anders als das Leben von Ludwig dem Vierzehnten. Es muss ja nicht so aufgeblasen sein.«

Nichts aufblasen. Es ist die Furcht, angreifbar zu sein, die in Judiths Äußerungen zum Ausdruck kommt, und so ist es nur eine logische Folge, wenn sie nicht selten darüber hinweggeht, wenn jemand »schwule Sau« auf dem Schulhof ruft. »Wir haben ja auch Hauptschüler, da kommt das natürlich häufiger vor. Manchmal mische ich mich da nicht ein, weil ich weiß, das sind für die Schimpfwörter und das hat nicht so eine

Tragweite. Wenn sich die Kinder einem homosexuellen Kollegen gegenüber Dreistigkeiten erlauben würden, wäre das allerdings etwas anderes.«

Judith möchte solidarisch sein mit den anderen Lehrkräften, gleichzeitig will sie ihre Autorität geschützt wissen. Bevor sie an der Schule out war, antwortete sie: »Ich habe meine Kinder und meinen Hund und meine Pferde«, wenn jemand sie fragte, wer in ihrem Leben eine zentrale Rolle spielt. Die Freundin blieb ungenannt in dieser Aufzählung. Aber verleugnet hat sie sich nicht, als sie direkt gefragt wurde, und deshalb ist ihr Lesbischsein in ihrem beruflichen Umfeld heute allgemein bekannt. Sie knabbert daran, denn sie konnte den Zeitpunkt nicht wirklich selbst bestimmen, in dem sie sich nach außen zu ihrer Liebe zu Frauen bekannte. Das ehemals Private ist nun öffentlich geworden. »Wie ist es denn jetzt?« frage ich. Sie überlegt einen Augenblick, dann seufzt sie und antwortet leise: »Jetzt ist es schwierig.«

Für Judith ist lange Zeit nicht klar, was sie nach der Schule werden will. Nach dem Abitur hat sie es mit dem Studium nicht eilig. Sie jobbt in der Landwirtschaft und denkt darüber nach, auf diesem Gebiet eine Ausbildung zu beginnen. Vor allem aber gibt sie ihrem Interesse an politischen Fragen Raum. In den frühen 1980er Jahren engagiert sie sich gegen Atomkraft, sieht sich als Teil der Friedensbewegung und vertritt feministische Positionen. Sie geht nach Frankfurt am Main, um dort gemeinsam mit anderen politisch aktiven Frauen in einer Wohngemeinschaft zu leben. Sie ist nun fern der Arbeit auf Äckern und in Ställen. »Ach, vielleicht werde ich Lehrerin«, überlegt sie sich daher und beginnt mit dem Studium.

In Judiths Freundschaften wie überhaupt in ihrem ganzen Alltag spielen Frauen die zentrale Rolle, aber als Lesbe versteht sie sich in dieser Zeit noch nicht. Sie nimmt auch keine anderen Lesben wahr, selbst an der Frankfurter Universität nicht. Ihre Liebesbeziehungen während der Jahre in der Mainmetropole lebt sie mit Männern, und als sie im Alter von 26 Jahren kurz vor dem Abschluss des Studiums steht, wird sie schwanger. Sie besteht das erste Staatsexamen und bekommt Zwillinge, einen Jungen und ein Mädchen. Mit der Universität ist sie nun fertig und offenbar auch mit dem anderen Geschlecht: »Der Erzeuger meiner Kinder war mein letzter Kontakt mit einem Mann. Dann war ich an dem Punkt, dass ich mir gesagt habe: ›Ach, nee, wenn ich mich noch mal verliebe, dann in eine Frau.‹«

Angesichts der Verantwortung für ihre Kinder muss Judith mit dem Referendariat zunächst warten. Noch immer ist sie nicht sicher, ob der Weg in den Schulalltag der richtige für sie ist. Sie geht zurück nach Schleswig-Holstein und beginnt wieder zu reiten. Nach wie vor liebäugelt sie mit einer Tätigkeit in der Landwirtschaft, aber als sie drei Jahre nach dem Examen die Möglichkeit bekommt, in Neumünster das Referendariat zu absolvieren, legt sie sich endgültig fest. Inzwischen ist sie 30 Jahre alt, und in diese Zeit fällt auch ihre erste Beziehung mit einer Lesbe, die sie 1993 auf einer Frauenferienreise kennenlernt. Das Liebesverhältnis bleibt fünf Jahre lang bestehen, aber seine autonomiegewohnten Protagonistinnen brauchen ein klein wenig Abstand, damit es funktioniert. Hunderte von Kilometern liegen zwischen ihnen, ein Umstand, der für das Zusammensein offenbar von großer Wichtigkeit ist, denn Judith erzählt amüsiert: »Erst war sie in Gießen und ich in Neumünster zum Referendariat, dann bin ich hierher nach Brekendorf gezogen und sie nach München. Und als sie schließlich in den Norden kam, ist es gescheitert, weil es zu dicht war.«

Als Judith 1995 nach dem Referendariat ihre erste feste Stelle als Lehrerin an einer integrativen Gesamtschule in Eckernförde antritt, besteht ihre Fernbeziehung allerdings noch als solche. Niemand im Kollegium weiß davon, und auch ihre Schülerinnen und Schüler haben lediglich gehört, dass Judith sich hauptsächlich in frauenbewegten Kreisen tummelt, die es in der dörflich geprägten Region durchaus gibt. Zu ihr komme ja wohl die Weihnachtsfrau, scherzen sie am letzten Schultag vor Heiligabend. Ganz locker reagieren sie auf Judiths emanzipatorisches Bewusstsein, aber besonders die leistungsschwachen Jungen in der Klasse zeigen auch Misstrauen, fühlen sich von ihr benachteiligt und beschweren sich, wenn sie eine schlechte Note bekommen. »Dummerweise ist es ja auch so, dass in meinen Fächern die Mädchen meistens besser sind. Jungen können ja kein Deutsch.«

Judith unterrichtet in Eckernförde, während ihre Fernbeziehung eine Nahbeziehung wird und schließlich zerbricht, und sie arbeitet noch in der Ostseestadt, als sie im Jahre 2000 die Erzieherin kennenlernt, mit der sie heute zusammen ist. Ihr Lesbischsein wird an der dortigen Schule nicht bekannt. Nach sieben Jahren sucht sie eine Veränderung, weil sie »keine ist, die es dauerhaft irgendwo aushält.« Sie bewirbt sich um eine freie Stelle an einer Realschule mit Grund- und Hauptschulzweig in Owschlag, einer ländlichen Gemeinde mit 3500 Einwohnern im Landkreis Rendsburg-Eckernförde, in dem sie auch wohnt. Nach den Sommerferien 2002 wird sie wunschgemäß versetzt. Sie lernt das neue Kollegium kennen und bemerkt, dass es noch eine weitere lesbische Lehrerin an der Schule gibt. Die beiden Frauen outen sich schnell voreinander, auch einige andere Lehrkräfte bekommen mit, dass Judith Frauen liebt. Dabei bleibt es für zwei Jahre, so lange, bis ein schwuler Kollege neu nach Owschlag kommt. Er geht sehr offen mit seiner Homosexualität um, redet unverkrampft von seinem Freund und seiner Männerclique. Und er belässt es nicht dabei, nur im Kollegium über sein Schwulsein zu sprechen. Eines Tages begegnet er Judith im Korridor der Schule. Sie ist zur nächsten Stunde auf dem Weg in die Klasse, aus der er gerade kommt. Er nimmt sie einen Augenblick zur Seite und sagt: »Du, ich habe mich da gerade vor denen geoutet. Die sind ziemlich durch den Wind – guck doch mal, ob da noch Bedarf ist zu reden.«

Es ist eine neunte Klasse, die da in Aufruhr ist, und das hat nichts mit Ludwig dem Vierzehnten zu tun. Nie hätte der Sonnenkönig für so viel Unruhe sorgen können. Weit weg ist er in diesem Moment, umso näher aber rücken die Fragen der Vierzehnjährigen, die vor allem eines brennend interessiert: Wer denn noch?

Judith steht vor der Klasse und mit dem Rücken zur Wand. »Glaubt ihr, ich erzähle euch das jetzt, oder was? Da müsst ihr die Leute schon selbst fragen«, weicht sie dem stärker werdenden Drängen der Jugendlichen aus, die immer weiter insistieren. »Sagen Sie es doch ruhig!« fordern sie und: »Gibt's denn noch mehr?« Sie plappern aufgeregt durcheinander, nur ein Mädchen sitzt in der Ecke und grinst still vor sich hin. Es ist die Freundin ihres Sohnes, die ganz genau weiß, wie ihre Lehrerin lebt. Ob nicht dadurch ein zusätzlicher Druck entstanden sei, frage ich Judith, aber sie verneint es vehement. »Ich wusste ganz genau, dass ich mich hundertprozentig auf sie verlassen kann«, versichert sie mir.

Am Ende muss Judith spontan entscheiden, was sie antwortet, als die Kinder schließlich den Rat befolgen, den sie ihnen selbst gegeben hat. »Was ist denn mit Ihnen?« lenken sie das Thema vom Allgemeinen weg und hin zu der Frau, die vor ihnen steht.

»Hm, ja, ich auch«, räumt Judith schließlich ein wenig kleinlaut ein. Die Klasse will ihr zuerst gar nicht glauben. »Wie, das kann doch gar nicht sein – Sie haben doch Kinder!« lautet die simple Logik. Aber schließlich begreifen sie es doch. »Und seitdem ist es irgendwie raus, seitdem bin ich an der Schule geoutet.« Es klingt nicht erleichtert, wie Judith es sagt, sondern eher resigniert.

Von nun an spricht es sich an der Schule herum, dass Judith lesbisch ist. Bald wissen es alle im Kollegium und auch der Schulleiter, der sie vor einem gemeinsamen Fest fragt, ob sie nicht ihre Freundin mitbringen will. Judith aber geht alleine hin. Es sei selbstverständlich, dass sie auch in Begleitung ihrer Partnerin bei Schulfesten auftauchen könnte, versichert sie mir und sich selbst. Aber: »Ich weiß nicht, nee, die ist nicht so.«

Das Wissen um Judiths Liebe zu Frauen bleibt daher für die nun Eingeweihten theoretisch, und es bleibt auch im Hintergrund. Die Schülerinnen und Schüler stellen Judith keine Fragen nach ihrem Privatleben. »Gut erzogen«, nennt sie diese Zurückhaltung. Sie will noch immer nichts aufblasen, erlebt auch nicht, dass schwule oder lesbische Jugendliche sich an sie wenden. »Im Gegenteil«, antwortet sie, als ich danach frage, und erzählt mir von einem transidenten Schüler, der als Mädchen geboren wurde und auf dem Weg ist, ein Mann zu werden. Für ihn ist die Entscheidung endgültig gefallen. Er steht kurz vor dem Schulabschluss und ist im Prozess der Geschlechtsanpassung bereits weit fortgeschritten. Seine Eltern begleiten ihn dabei, und er wird auch therapeutisch unterstützt, die Operation ist nur eine Frage der Zeit. An der Schule ist sein Wunsch, die Geschlechtsidentität zu wechseln, bei allen bekannt. Die Lehrkräfte stellen sich darauf ein, ihn nicht mehr als Mädchen anzusprechen, in der Jungenclique ist er akzeptiert. Judith hat ihn im Unterricht, und während er in ihrem schwulen Kollegen einen wichtigen Ansprechpartner findet, entwickelt er ihr gegenüber eine massive Abwehrhaltung. Er sei ja ein Junge, der sich auch noch auf Jungen konzentriere und könne wohl daher mit ihr, die eine Frau ist, die sich auf Frauen bezieht, nichts anfangen, erklärt Judith sich sein Verhalten. Und dann sagt sie noch: »Dieses Mädel will nicht mit mir darüber reden, absolut nicht.«

Nachdem Judith zunächst keine Probleme hatte, als ihr Lesbischsein an der Schule bekannt wurde, ist sie heute in einer Situation, die ihr das Unterrichten in Owschlag verleidet. Gut ein Jahr liegt es zurück, dass sie in Auseinandersetzungen geriet, die mit ihrer Lebensweise gar nicht im Zusammenhang zu stehen schienen. Ob sie es vielleicht doch tun, ließ sich bis heute nicht klären. Judith ist seitdem voller Zweifel. Sie ist erkennbar mitgenommen, als sie mir schildert, was sich ereignet hat.

Judith sagt von sich selbst, sie sei eine Lehrerin, die nicht immer nur lobt, sondern durchaus auch Kritik äußert, wenn sie Anlass dazu sieht. »Wenn die schlecht sind, dann sage ich ihnen das auch: Du arbeitest schlecht, du bist schlecht, so geht das nicht.« Als eine Schülerin in der zehnten Klasse sich von ihr übermäßig getadelt sieht, erzählt sie es ihrer Mutter, die sich wiederum beim Schulleiter beschwert, ohne vorher mit Judith ein klärendes Gespräch zu suchen. Die Angelegenheit schlägt hohe Wellen. Die Eltern in der ländlichen Region kennen sich gut untereinander, überhaupt sind die Kreise des sozialen Miteinanders eng. Auch Judith ist nicht nur beruflich betroffen. Die Mutter eines Sohnes in der Klasse, in der die Konflikte eskalieren, ist mit ihr befreundet. Judith reitet oft mit ihr zusammen aus, und auch beim Kartenspiel verbringen die beiden Frauen viele gemeinsame Abende. Die Mutter hat noch ein zweites Kind, eine jüngere Tochter, die in die Grundschule geht und versetzungsgefährdet ist. Als die Klagen der Eltern aus der Klasse ihres Sohnes gegen Judith beginnen, hält die mit ihr befreundete Mutter sich zunächst aus der verfahrenen Situation heraus. Gleichzeitig bittet sie Judith, ihrer Tochter Nachhilfeunterricht zu geben. Judith hat den Kopf voller Sorgen und den Schreibtisch voller Hausarbeiten, die sie durchsehen muss, aber sie setzt sich dennoch mit dem Mädchen zusammen, um ihr bei der Vorbereitung auf das für die Zeugnisnote so wichtige Diktat zu helfen. Es ist Samstagnachmittag, und während sie mit der Tochter übt, um deren Versetzung zu retten, hat die Mutter zu gleicher Stunde die Eltern der problembeladenen Klasse zu Gast. In ihrem Wohnzimmer sitzt man zusammen, um eine Dienstaufsichtsbeschwerde gegen Judith in die Wege zu leiten.

Eine Dienstaufsichtsbeschwerde. Der Versuch, Judith aus dem Schuldienst zu entfernen, schwebt fortan wie ein Damoklesschwert über ihr, und die befreundete Mutter half, sie zu verfassen, verbündete sich mit den anderen Eltern und lud sogar zu sich nach Hause ein, als es darum ging, das Schreiben aufzusetzen. »Als ich das im Nachhinein erfuhr, habe ich mir gesagt, dass ich kein Wort mehr mit ihr rede.«

Für Judith kommt damit zur beruflichen Krise auch noch eine private. Sie übersteht das gegen sie eingeleitete Verfahren, aber der Wunsch, der ehemaligen Freundin aus dem Weg zu gehen, bleibt bestehen. Damit ist sie allerdings auch von ihren anderen Kontakten in der Umgebung abgeschnitten, traf sie ihre Bekannten zuvor doch in den immer gleichen Frauenrunden. Sie würde der ehemals befreundeten Mutter dort unweigerlich bei jeder Feier, bei jedem Beisammensein begegnen. So geht sie kaum mehr aus, und wenn sie doch einmal einer Einladung nachkommt, kann sie es nicht mit Freude tun, zu nachhaltig ist ihre Verletzung. »Neulich war ich dann mal bei einer Frauenfete. Sie war auch da. Ich bin dann gegangen und habe wieder eine Woche gelitten.«

Die Wunden sind tief, und Judith zieht sich zurück, um nicht weiter darin herumstochern zu lassen. Ohne den Austausch in den vormals vertrauten Kreisen fehlt ihr jedoch der Rückhalt, der die Verunsicherung in Bezug auf ihre berufliche Kompetenz lindern könnte. Während die Jugendlichen der Klasse, aus der der Konflikt ursprünglich hervorgegangen war, den Streit mit der Lehrerin längst beigelegt haben und Judith mit ihnen wieder einvernehmlich arbeiten kann, bleiben die Eltern unnachgiebig, steigern sich immer weiter in die einmal begonnene Schlammschlacht hinein. Für Judith ist dieses Verhalten nicht mehr nachvollziehbar: »Warum schießen die eigentlich gegen mich?« fragt sie sich mittlerweile. Sie hat noch immer einen schweren Stand an der Schule, weil viele der sie ablehnenden Mütter und Väter ihre Vorbehalte an die Kinder herantragen. In manchen Klassen, die sie neu übernimmt, bekommt sie kein Bein auf den Boden, während sie in anderen, in denen die Schülerinnen und Schüler unvoreingenommen sind, keine Schwierigkeiten hat. »Die sagen ganz klar: ›Frau Ellerbrock macht tollen Unterricht.‹ Die lieben mich.« Sehr unterschiedlich verläuft deshalb ihr Schulalltag. Sie bewegt sich in einem Wechselbad der Gefühle. »Es hängt so viel davon ab, einfach stimmungsmäßig.«

Ist es eine gut verborgene Ablehnung des Lesbischseins der Lehrerin, die sich im Handeln der Eltern offenbart, oder sind es doch nur unvereinbare Ansichten zum Umgang mit Jugendlichen? Es lässt sich nicht belegen, aber Judith glaubt vor allem Ersteres, besonders wenn sie bedenkt, was ihre Partnerin in ihrer täglichen Arbeit als Erzieherin erlebt. »Sie hat eine ganz andere Art als ich, aber trotzdem macht sie in manchen Punkten ähnliche Erfahrungen mit Eltern. Und das macht mich dann schon misstrauisch.« Das Gefühl, als Lesbe angreifbar zu sein, verstärkt sich durch die hinter Judith liegenden Geschehnisse. Sie hat daher keine Chance, die Abwehrstellung zu verlassen, in die sie sich gedrängt sieht. Vor diesem Hintergrund wird sie kaum ein Interesse daran entwickeln, ihre Liebe zu Frauen irgendwann offensiver nach außen zu vertreten. Sichtbar lesbisch zu sein bleibt für sie bedrohlich und auf Dauer eine Belastung. Judith will weg aus der Situation, weg aus der ganzen Gegend. In Absprache mit ihrer Partnerin hat sie einen Versetzungsantrag gestellt. Dieses Mal aber ist der Wunsch zur Veränderung nicht aus freien Stücken entstanden. Was aber, wenn sie wirklich irgendwann die Schule wechselt aufgrund dessen, was geschehen ist – vor dem Hintergrund der Anfeindungen, die sie erlebt hat und die noch immer kein Ende nehmen wollen? »Also diese Sache, die ich jetzt an der Schule zu laufen habe, die brauche ich nicht mehr«, konstatiert sie ein wenig bitter. »Und da ich auch wirklich glaube, dass das mit dem Lesbischsein zusammenhängt, würde ich es beim nächsten Mal vielleicht auch wieder verheimlichen.«

Der Gleichbehandlung wegen müssten wir dann auch Sportvereinen oder Jubilaren genehmigen, ihre Fahnen vor dem Rathaus aufzuziehen. [...] Die Gründe, warum der CSD ins Leben gerufen wurde, sind heute nicht mehr aktuell.

Marlies Wanjura, Bürgermeisterin in Berlin-Reinickendorf auf die Frage, warum sich in ihrem Bezirk anders als in allen anderen Berliner Stadtteilen Jahr für Jahr eine Mehrheit der Verordneten dagegen ausspricht, anlässlich der Pride-Week die Regenbogen-Fahne zu hissen.[6]

Plötzlich spürte ich, da blüht was auf

Elisabeth Baumgardt, 33 Jahre

Mein erster Kontakt zu Elisabeth ist eine E-Mail, die ich kurz nach Himmelfahrt, dem traditionellen Termin des Bundestreffens lesbischer Lehrerinnen, von ihr erhalte. Sie hat dort eine Bekanntmachung gelesen, der zufolge ich Gesprächspartnerinnen suche, und sie ist bereit, mir ein Interview zu geben. Es ist ein freundlicher Brief, der mich aus Düsseldorf erreicht, und ein sehr offenherziger dazu. Stichwortartig listet Elisabeth erste Angaben zu ihrer Person auf, zu ihrem beruflichen Werdegang und zu ihrem Coming-out. Sie ist eine junge Frau und eine noch jüngere Lehrerin; soeben erst hat sie die erste feste Stelle an einer Sonderschule angetreten, ihre Verbeamtung steht unmittelbar bevor. Ihrem Schreiben ist kein Hinweis zu entnehmen, dass sie Bedenken haben könnte, über ihr Lesbischsein zu berichten. Der einzige Zweifel, der in ihren Zeilen zum Ausdruck kommt, hat seine Wurzeln in ihrer Bescheidenheit: Sie sei zwar unsicher, ob ihre Erfahrungen wirklich interessant für ein Buch sind, doch weil ich eine große Vielfalt von Eindrücken darstellen wolle, traue sie sich, sich zu melden. Als ich ihr in meiner Antwort versichere, dass ich natürlich sehr neugierig bin auf das, was sie mir zu sagen hat, schreibt sie noch einmal zurück: Gerne will sie mir von ihrer Arbeit erzählen; sie ist gespannt auf das Interview und würde mich sogar vom Bahnhof abholen, falls ich mich entscheide, mit dem Zug zu fahren. Sie denkt an alles, will sich eine kleine Regenbogenfahne an die Jacke stecken, damit wir uns auch erkennen.

Die Korrespondenz mit Elisabeth stimmt mich zuversichtlich. Sie verkörpert eine neue Generation lesbischer Lehrerinnen, die keine Scheu zeigen, sich auch öffentlich als Lesben zu erkennen zu geben. Ich nehme tatsächlich den Zug, als ich zu ihr fahre. Angekommen auf dem Düsseldorfer Bahnhof, halte ich am vereinbarten Treffpunkt Ausschau nach einer weißen Jeansjacke und dem angekündigten Accessoire, vor allem aber nach einem unbekümmerten Augenpaar.

Und dann entdecke ich Elisabeth inmitten des Durcheinanders eiliger Reisender. Auch sie erkennt mich sofort, kommt mir entgegen und gibt mir die Hand, aber ihr Lächeln wirkt bemüht. Etwas stimmt nicht, sagen ihre kalten Finger und die einsilbige Höflichkeit, mit der sie spricht. Nichts ist zu spüren von dem heiteren Eindruck, den ihre E-Mails vermittelt haben, sogar Sorgenfalten zeigen sich auf ihrer Stirn. Ich bin irritiert auf dem Weg zu ihr nach Hause, und erst als sie die Wohnungstür aufschließt, gibt sie mir zu verstehen, was sie bedrückt.

Es sei am Vorabend unseres Treffens gewesen, gesteht sie zögernd, dass sie auf einmal dachte: »Elisabeth, worauf hast du dich da bloß wieder eingelassen!« Plötzlich war sie nicht mehr sicher, ob es wirklich eine gute Idee war, diesem Gespräch zuzustimmen. Vieles in ihrer Biographie sei einzigartig, bestimmt würde man sie wiedererkennen, und das wolle sie dann doch lieber nicht. Vielleicht habe sie sich zu weit vorgewagt?

Es ist sehr dünnes Eis, auf dem wir stehen; Zerbrechlichkeit ist greifbar. Noch immer möchte Elisabeth mir das Interview geben, aber der Moment, in dem ich das Aufnahmegerät aus der Tasche ziehe, treibt ihr einen Kloß in den Hals. Ich versichere ihr, dass ihre Anonymität gewahrt bleiben wird, doch es gelingt mir nicht wirklich, ihre Bedenken zu zerstreuen. Im Augenblick der Wahrheit überdeckt das Bedürfnis nach Schutz alles andere – kein Wort, keine noch so nachdrücklich vorgebrachte Versicherung meinerseits kann daran etwas ändern. Sie kaut an ihrer Zusage wie ihr Cockerspaniel unter dem Tisch an seinem Hundeknochen. Aber dann überwindet sie sich, beantwortet trotz all ihrer Befürchtungen meine Fragen. Vielleicht tut sie es nur, weil ich so weit gereist bin; vielleicht gehorcht sie auch dem eigenen Anspruch, sich nicht von Panik beherrschen zu lassen. Ihr Hin- und Hergerissensein allerdings beweist mehr als deutlich: Ein Coming-out ist kein einmaliges Ereignis, es ist ein immer wiederkehrender Schritt in tausend verschiedenen Situationen und Zusammenhängen. Als ich Elisabeth treffe, lebt sie schon seit Jahren lesbisch, aber ich begegne ihr genau in der Situation, in der sie sich wünscht, mit ihrem Lesbischsein auch in der Schule offen umzugehen. Was ältere Lehrerinnen mir im Rückblick erzähen, ist für sie gerade hochaktuell und entsprechend brisant. Elisabeth will sich outen, sie wird es tun. Aber ihre ambivalente Haltung verdeutlicht, wie angstbesetzt der letzte Schritt auf dem Weg dorthin auch heute noch ist.

»Zwei Frauen zusammen, das kann ich mir gar nicht vorstellen«, sagt Elisabeth, einziges Kind einer alleinerziehenden Mutter, zu ihrer besten Freundin in der Grundschule in Bochum. Ganz weit weg ist diese Möglichkeit für sie auch noch in ihrer Jugend, obwohl sie still und oft für Mädchen schwärmt. Es wird ihr nicht bewusst, was das bedeuten könnte, auch nicht, als sie sich selbst dabei beobachtet, wie sie stundenlang vor dem Spiegel steht, weil sie der Chemielehrerin gefallen will. »Ich habe mich immer schön angezogen für sie«, erinnert sie sich an eine beinahe tägliche Übung, die kein Aha-Erlebnis mit sich bringt und nicht herausführen will aus dem üblichen Trott. Elisabeth macht das Abitur und sucht sich einen Freund.

Schon während der Schulzeit will sie Lehrerin werden. Es ist der Wunsch, Kinder in ihrer Entwicklung zu unterstützen, der für sie dabei entscheidend ist; gleichzeitig aber fragt sie sich, ob das Schulsystem mit seinem Leistungsdruck und seinen Zwängen es gerade lernschwächeren Schülerinnen und Schülern ermöglicht, in ihrem Wachsen und Reifen gefördert zu werden. Elisabeth möchte Kindern »die Zeit geben, die sie brauchen, für das, was sich bei ihnen gerade tut.« Sie lehnt den Stress des Schulalltags ab und beschließt daher, Heilpädagogin zu werden. Zum Studium an der Fachhochschule bleibt sie in Bochum, bezieht mit ihrem Freund eine gemeinsame Wohnung. Sie teilen den Wunsch nach eigenen Kindern, aber in der Beziehung läuft nicht alles so glücklich, wie die beiden sich das wünschen. »An bestimmten Punkten hat es bei uns eben immer geknackt«, offenbart Elisabeth mit verschämtem Lächeln. Sie denkt viel nach in dieser Zeit, fragt sich, ob sie mit ihrem Partner wirklich zusammenpasst, glaubt auch, sie habe ein Problem mit ihrer Sexualität. Die Faszination für Frauen, die sie schon in der Schule erlebte, setzt sich auch während des Studiums fort. An der Fachhochschule sind es besonders die feministischen Dozentinnen, die es ihr angetan haben, ihr gleichzeitig aber auch fürchterliche Angst einjagen. »Bei denen habe ich die beschissensten Prüfungen abgelegt«, erinnert sie sich an die Folgen dieses einschüchternden Respekts.

Dennoch kommt Elisabeth im Studium zügig voran. Sie ist 23, als sie das Diplom in den Händen hält, und kurz darauf findet sie eine Stelle in einer heilpädagogischen Kindertagesstätte. In ihrer Arbeit dort kann sie das Gelernte selbständig umsetzen, erfährt viel Anerkennung und bringt ihre Ideen ein. Im Beruf läuft es gut, doch privat wollen die Probleme nicht weichen. Noch immer ist sie in Bochum, noch immer knackt es mit dem Partner, und deshalb beginnt sie eine Therapie. Ihr Interesse am eigenen Geschlecht tritt allmählich deutlicher zutage, aber letztlich ist es ihr Freund, der den Stein endgültig ins Rollen bringt. »Kannst du dir vorstellen, Sex mit einer Frau zu haben?« fragt er sie eines Tages aus heiterem Himmel oder einer Ahnung folgend. Der Gedanke ist Elisabeth fremd, wird jedoch immer naheliegender, je länger sie sich mit dieser Option befasst. Es wird ihr klar, dass Frauen sie interessieren, doch die Erkenntnis reift langsam und bleibt theoretisch, denn Elisabeth hat keine Ahnung, wie Kontakte unter Lesben funktionieren, wo sie sich treffen, wie sie sich überhaupt begegnen. Irgendwann sitzt sie mit einer Kommilitonin in der Kneipe, sieht sich suchend um und grübelt vor sich hin. »Sag mal«, fragt sie ihr Gegenüber bedächtig, »woran erkennt man bei Frauen, dass sie auf Frauen stehen?« Aber ihre Freundin weiß es auch nicht. »Keine Ahnung«, antwortet sie. »Vielleicht haben die irgendwelche Zeichen dabei?« Es liegt etwas Geheimnisvolles über dem Thema, konspirativ und gleichzeitig nebulös.

Dann kommt Bewegung in Elisabeths Leben und in ihre Beziehung. Nachdem sie jahrelang fast alles mit ihrem Freund zusammen unternommen hat, fühlt sie sich nun eingeschränkt an seiner Seite, ertappt sich immer häufiger dabei, dass sie mit ihm in einem Restaurant sitzt und eine Frau am Nachbartisch ansieht. »Die könnte mir gefallen«, denkt sie sich, »aber die sieht mich jetzt nicht – ich bin ja in Herrenbegleitung.« Sie gibt sich einen Ruck und spricht es aus, konfrontiert sich selbst und ihren Freund mit der Frage, ob sie vielleicht tatsächlich lesbisch ist. Auch in die Therapie trägt sie diese Frage, nachdem sie in zahllosen Sitzungen über alles Mögliche geredet hat. Jetzt bringt sie das für sie seit langem drängendste Thema »mit Hängen und Würgen heraus«, aber die Analytikerin geht nicht auf sie ein. »Nein, nein, Sie sind nicht lesbisch – das sind nur irgendwelche verborgenen Wünsche an Ihre Mutter«, zitiert diese stattdessen ihren Freud, macht sich zum Saurier ihrer Gilde und lässt ihre Klientin im Regen stehen. Es ist dem Erfolg jahrzehntelanger Aufklärungsarbeit in psychosozialen Arbeitsfeldern zu verdanken, vor allem aber ist es ein Glück, dass Elisabeth die richtigen Schlüsse zieht. »Das ist dann aber auch wirklich das Ende der Therapie gewesen«, bringt sie im Brustton der Überzeugung hervor, schüttelt den Kopf und lacht.

Das Problem nimmt sie jedoch zunächst wieder mit. Sie ist inzwischen 25 Jahre alt, steht seit zwei Jahren im Beruf und wird getrieben vom Wunsch nach Veränderung. Die Sache mit den Frauen ist nicht das einzige, was sie beschäftigt. »Ich habe mich dann auch gefragt, ob ich wirklich zu doof bin, Lehrerin zu sein.« Jetzt will sie es wissen, wendet sich in jeder Hinsicht eben jenen Perspektiven zu, die sie eigentlich schon als Jugendliche hatte. Sie gibt ihre Arbeit auf, geht im Frühjahr 1999 nach Köln, um Sonderpädagogik zu studieren mit dem Ziel, als Lehrerin an einer Sonderschule zu unterrichten. Während der Woche wohnt sie auch in der Rheinmetropole, und mit den Fragen, die sie in der Therapie nicht klären konnte, wendet sie sich dort an eine Frauenberatungsstelle. Hier findet sie endlich Gehör. Sie wird an eine lesbische Mitarbeiterin verwiesen, die sie ernst nimmt, ihr Adressen von Frauenkneipen mit auf den Weg gibt und den Rat, sich erst einmal zurechtzufinden. Der CSD in Köln steht bevor, und so sagt sie zu Elisabeth: »Geh doch einfach mal hin, guck dir an, wie weit das Feld der lesbischen Frauen so ist.«

Es ist eine gute Empfehlung. Elisabeth geht nicht nur zum CSD, sie tastet sich allmählich vor in lesbische Kreise und findet schließlich eine Coming-out-Gruppe, in der sie sich wohlfühlt. Nach der langen Zeit der Suche stellt sich nun auf jeder Ebene Gewissheit ein. »Und dann kam endlich auch das Gefühl, dann konnte ich plötzlich auch die anderen Lesben sehen und erkennen. Das war so, weil man eben auch anders guckt, wenn man es für sich selber klar hat.«

Mit der Coming-out-Gruppe geht Elisabeth aus. Sie trennt sich von ihrem Partner, findet Freundinnen und macht ihre ersten sexuellen Erfahrungen mit Frauen. Da jede Lesbe in der Gruppe wieder andere kennt und mitbringt, entwickelt sich ein immer größer werdender Kreis, und Elisabeth lernt viele neue Frauen kennen. Mit 26 Jahren erlebt sie ihre zweite Pubertät. Endlich kann sie ihr Lesbischsein ausleben, aber nicht nur deshalb ist diese Zeit für sie bedeutsam. Hatte sie bis dahin geglaubt, »irgendwie hässlich« zu sein, hatte sie angenommen, dass niemand sie begehrt, und hatte sie auch keinen Mut gehabt zu flirten, wird ihr schlagartig klar, dass sie bislang eben nur im falschen Teich gefischt hat. Ihr Selbstbewusstsein wächst, und es knackt auch nichts mehr. »Dann ist alles überraschend wild geworden«, staunt sie zufrieden. »Immer habe ich an mir gezweifelt, aber plötzlich spürte ich, da blüht was auf.«

Das Lehramtsstudium bereitet Elisabeth bis zum ersten Staatsexamen keinerlei Probleme, aber dann erwartet sie das Referendariat: zwei Jahre in Siegen. Elisabeth, die mittlerweile 30 Jahre alt ist und es im Rahmen ihrer Arbeit als Heilpädagogin gewohnt war, eigene Entscheidungen zu treffen, fühlt sich an der Sonderschule wieder wie eine Auszubildende. Sie wähnt sich zurückgestuft, gewinnt den Eindruck, sich fremden Vorgaben beugen zu müssen und hat wenig Spielraum, ihre eigenen Vorstellungen umzusetzen. Es macht keinen Spaß, aber sie denkt an die günstigen Berufsperspektiven, an die soziale Sicherheit, die ihr als Lehrerin in Aussicht gestellt ist, und auch daran, dass sie nach dem Vorbereitungsdienst wieder mehr pädagogische Eigenverantwortung haben wird. Es sind gewichtige Argumente, die sie aufzählt. Was sie sagt, klingt vernünftig, aber sie bringt es gleichmütig hervor. Ihre Worte wirken blutleer, und so frage ich sie, ob sie trotz all der guten Gründe auch gefühlt habe, dass dieser Weg für sie der richtige sei. Sie schweigt einen Augenblick, spürt in sich hinein und schmunzelt schließlich, ganz so wie man schmunzelt, wenn man ertappt ist und sich dann entscheidet, die Wahrheit herauszulassen. »Witzigerweise habe ich damals jeden Tag gedacht, ich breche ab und mache einen Copy-Shop auf«, sagt sie, und jetzt liegt Kraft in ihrer Stimme. Von neuem beginnt sie zu erzählen, und was sie nun schildert, formt sich zu einem stimmigen Bild.

Elisabeth absolviert ihr Referendariat an einer sogenannten sozialen Brennpunktschule mit 200 Schülerinnen und Schülern aller Jahrgangsstufen. Regelmäßig geht sie gut vorbereitet in den Unterricht. In jeder einzelnen Stunde hat sie interessante Themen im Gepäck, aber die Klassen sind viel zu groß, und ihre Bemühungen laufen ins Leere: »Da kamen nur Zickereien«, und diese frustrierende Erfahrung lässt sie den Glauben an ihre Kompetenz verlieren. Sie fühlt sich vollkommen unfähig und als Referendarin darüber hinaus ständiger Beobachtung ausgesetzt, fragt sich auch, ob es sich in dieser Situation überhaupt lohnt, sich für die eigenen pädagogischen Überzeugungen zu engagieren. Permanent denkt sie, dass sie ohnehin bald geht. Noch ein Jahr wird es dauern, noch ein halbes. Aber sie hält durch. »Es war eine tägliche Mühle, aus der ich irgendwie nicht herauskonnte«, erklärt sie, warum sie trotz allem bis zum Abschluss dabeigeblieben ist. Das aber ist nur die halbe Wahrheit, denn sie sagt auch: »Ich kann es nicht leiden, wenn etwas unfertig bleibt.«

Das Coming-out vor der Familie, im Freundes- und Bekanntenkreis hat Elisabeth bereits hinter sich, als sie das Referendariat beginnt. Bevor sie an die Schule geht, schneidet sie sich die Haare ganz kurz und begreift schnell, dass sie damit auffällt und sich einen schlechten Start beschert. Es kommt nicht gut an, aus dem Rahmen zu fallen; auch wenn sie in den Lehrerkonferenzen unübliche Standpunkte vertritt, wird ihr das klar. So denkt sie darüber nach, wie die anderen an der Schule reagieren würden, wenn sie erfahren, dass Elisabeth lesbisch ist. Sie fragt sich, ob es Probleme geben würde, und sagt sich andererseits: »Mein Gott, was soll's, wir arbeiten doch alle in einem sozialen Beruf.« Sie nennt es ein positives Vorurteil, von dem sie ausgeht, unterstellt den Pädagoginnen und Pädagogen erst einmal eine unkomplizierte Aufgeschlossenheit, aber letzte Zweifel am aufgeklärten Selbstverständnis des Kollegiums bleiben dennoch. Der Wunsch, gesehen zu werden, wie sie ist, beißt sich mit ihren Befürchtungen. Sie spricht im Lehrerzimmer von »ihrer Freundin« und ist sicher, dass die anderen nicht verstehen, wie sie das meint. Und dann spürt sie die missbilligenden Blicke der Schulleiterin, einer älteren Frau mit religiösen Wurzeln, als die Geliebte sie eines Tages zu einem Schulfest begleitet. Elisabeth fragt sich, ob sie ihre Freundin vorstellen soll, entscheidet sich aber dagegen angesichts der offenkundigen Ablehnung. »Die ganze Zeit hat die nur blöde geguckt und meine Freundin nicht einmal gegrüßt.« Elisabeth nimmt es zur Kenntnis und schaut sich um, mit wem sie reden kann. Vor allem die anderen Referendarinnen und Referendare werden schnell zu ihren Vertrauten, vor denen sie sich dann auch outet. Doch der Rückhalt durch die Vorgesetzte bleibt aus – ein zusätzlicher Umstand, der sicher dazu beigetragen hat, den Copy-Shop herbeizusehnen, die Möglichkeit des Abbruchs, der Flucht im Hinterkopf zu behalten.

Das Gefühl fehlenden Schutzes wird für Elisabeth besonders einschneidend, wenn sie an die Eltern ihrer Schülerinnen und Schüler denkt. Wie werden die Mütter und Väter sich verhalten, wenn sie von ihrem Lesbischsein erfahren, fragt sie sich. »Wenn die mich mit meiner Freundin Hand in Hand durch die Stadt gehen sehen, lassen die mich dann noch an ihr Kind?« Wieder einmal kommt ein Sommer, wieder einmal treibt der CSD überall in Deutschland Lesben und Schwule auf die Straßen, um für die eigenen Rechte zu demonstrieren und nicht zuletzt auch, um sich zu vergnügen. Elisabeth erinnert sich an das erste Mal in Köln, das mittlerweile fünf Jahre zurückliegt. Damals stand sie noch zuschauend am Rand einer riesigen Party und ließ das Geschehen auf sich wirken, war eine unter vielen Neugierigen im Umfeld der Parade, die in der Domstadt einen zweiten Karneval in der warmen Jahreszeit zu feiern schienen. Die Leute dort waren guter Dinge, Oma und Opa waren da, Eltern sind mit ihren kleinen Kindern gekommen und haben sich amüsiert. Elisabeth war noch Studentin, und sie hat sich auch noch nicht wirklich mit dem vorbeiziehenden Tross identifiziert. Nun aber ist es anders: Elisabeth steht mitten im Referendariat, und Siegen ist nicht Köln. Hier ist kein Karneval. Die Straßen sind eng, zur Parade geht nur, wer auch dazugehört. Alle anderen wühlen sich genervt durch die Menge, fühlen sich gestört vom Lärm, während sie ihre Einkäufe für das Wochenende erledigen. Elisabeth wird ein bisschen mulmig. Sie unterrichtet eine schwierige Klientel in dieser Zeit und ist außerdem nur Fachlehrerin ohne eigene Klasse. Allein diese Umstände erschweren ihre Arbeit, und einige ihrer Schützlinge sind verhaltensauffällig, kennen überhaupt keinen Respekt und pöbeln sie ohnehin häufig an. Und dann noch der

CSD. Elisabeth befürchtet, »dass die einen dann erst richtig fertigmachen und dass man überhaupt kein Bein mehr auf den Boden kriegt, wenn die einen da sehen.«

Angst und Mut halten sich die Waage, aber sie geht hin. Es kostet Überwindung – 35 Jahre nach Stonewall. Auch ihre Begleiterin fühlt sich nicht ganz wohl. Wie Elisabeth ist sie Lehrerin an einer Siegener Schule. Die Stimmung ist gut auf der Parade, aber den beiden Pädagoginnen ist nicht nach Feiern zumute. Sie halten sich an der Seite, schleppen sich dicht an den Geschäften vorbei, »immer mit Blickrichtung Schaufenster.« Sie gehen auf eine Demonstration und hoffen, nicht gesehen zu werden. Es ist Elisabeths Freundin, der das Herz in die Hose rutscht, als sie tatsächlich einen Schüler entdeckt. Er aber gehört nicht zum Publikum, sondern tummelt sich in der Menge. »Also der ist da neben einem Wagen hergelaufen«, erzählt Elisabeth, und die Verwunderung über seine Unbekümmertheit schwingt deutlich vernehmbar in ihrer Stimme mit. »Dann ist er auf den Wagen draufgesprungen!« Die Verblüffung wächst. »Und dann, dann hat der da oben auf dem Wagen rumgetanzt!!!« Jetzt ist sie bass erstaunt, so wie sie es wohl war, als sie die Szene erlebt hat. Na gut, denken sich die Frauen, wenn der Junge uns sieht, kann uns ja nichts passieren, er ist ja auch hier. Doch obwohl der Schüler ganz offensichtlich sorglos den Tag genießt, lässt sein Anblick Elisabeths Anspannung wachsen. Jeder könnte plötzlich auftauchen. Sie hat das Gefühl, auf dem Präsentierteller zu sitzen und will keinen Anlass zur Beanstandung geben. »Elisabeth«, ermahnt sie sich daher selbst mit elterlicher Strenge, »du trinkst auf keinen Fall Bier auf offener Straße!«

Aber sie ist da.

Das Referendariat geht zu Ende, und Elisabeths Hoffnung auf gute Einstellungschancen nach dem Ende der Ausbildung erfüllt sich. Sie hat die Möglichkeit, in Siegen zu bleiben, und als an einer Schule für lernbehinderte Kinder in Düsseldorf eine Lehrerin kurzentschlossen ins Ausland geht und ihre Stelle frei wird, hat Elisabeth sogar die Wahl. Sie geht in sich, fragt sich, wo das Schicksal sie hinführen will. »Für irgendwas sind ja die Entscheidungen gut, die man so trifft«, meint sie und entschließt sich zum Neubeginn. Sie soll nach Düsseldorf gehen, davon ist sie überzeugt. Die Lasten des Prüfungsdrucks und der besonderen Beobachtung im Referendariat fallen schnell von ihr ab. Sie hat das Gefühl, endlich loslegen zu können, was ihre pädagogischen Vorstellungen betrifft. Als sie dann auch noch feststellt, dass sie eine der Lehrerinnen im Düsseldorfer Kollegium vom Studium her kennt, freut sie sich besonders auf die kommende Aufgabe und ist sicher: Düsseldorf bringt Glück.

Nicht nur der Schule wegen pflegt Elisabeth diesen Glauben. Sie kommt als Single in die fremde Stadt, in der sie überhaupt keine Kontakte hat. »Irgendwie hatte ich am Anfang das Gefühl, die Lesben hier verstecken sich alle vor mir.« Sie orientiert sich an der neuen Schule, bezieht ihre Wohnung und kommt an. Zunächst geht sie nicht auf Partys, aber als sie sich eingerichtet hat, spürt sie schnell, wie sehr ihr das lesbische Umfeld fehlt. Allmählich streckt sie ihre Fühler nach den Frauen aus. Der erste Besuch im lesbisch-schwulen Café wird zur unerwarteten Hürde. Sie läuft die Straße davor auf und ab, geht noch einmal um den Block und verlangsamt ihre Schritte, hat Herzklopfen, als sie schließlich hineingeht. Es ist schwer, sich allein an einen Tisch zu setzen. »Eigentlich sucht man ja Kontakt, aber man setzt sich ja nicht einfach irgendwo an einen Vierertisch dazu.« Es ist das Vertrauen in die Vorsehung, das sie trotz aller Schwellenängste hineinführt, die Neugier ist größer als die Scheu. »Es muss doch irgendeinen tieferen Sinn haben, dass ich nach Düsseldorf gegangen bin«, sagt sie sich immer wieder auf der Suche nach der Traumfrau. »Die kommt ja nicht einfach so hierher zu mir in den vierten Stock und klingelt.« Elisabeth gibt sich alle Mühe, sie aufzustöbern, aber im Café wartet sie nicht, und auch in der neugegründeten Doppelkopfrunde trifft sie keine, die dauerhaft mit ihr zusammenspielt. Erst eine Kontaktanzeige führt sie schließlich zur Herzdame. Das erste Treffen liegt nur wenige Wochen zurück, und Elisabeth lächelt vielsagend. Sie hatte es ja gleich gewusst: Düsseldorf bringt Glück.

Elisabeth ist heute Klassenlehrerin einer ersten Klasse. »Sieben ganz süße Zwerge«, nennt sie ihre Gruppe. An ihrer Schule werden bis zur zehnten Klasse alle Jahrgänge unterrichtet. Dass Elisabeth lesbisch ist, weiß dort bislang nur die Kollegin, die sie vom Studium her kennt und die selbst heterosexuell ist. Elisabeth versteht sich gut mit ihr, ist froh, dass es eine gibt, der sie von ihrer neuen Freundin erzählen kann und davon, wie verliebt sie gerade ist. Gemeinsam mit der anderen Lehrerin überlegt sie, wie die einzelnen Mitglieder des Kollegiums auf ein Coming-out reagieren würden. Bei einer solchen Unterhaltung erfährt sie, dass auch ihre Vorgängerin lesbisch war, dass alle an der Schule das wussten und dass sie keine Probleme hatte. Elisabeth hat diese Frau nicht kennengelernt, aber sie ist froh über diese Information, die ihr Mut macht. Ein letzter Rest Unsicherheit aber ist noch da. Sie weiß, dass sie nicht mehr lange ein Geheimnis aus ihrer Liebe zu Frauen machen wird, hat keine Lust, immer nur verschlüsselt zu reden. »Man benutzt Worte, von denen man vermutet, dass die anderen sie ganz anders verstehen, als man sie meint. Das ist wie mit gespaltener Zunge reden, ganz sonderbar.« Und sie will ihre Freundin auch zu Schulfesten mitbringen können. »Und dann will ich nicht sagen, dass ich gerade Besuch habe von meiner Cousine aus Bayern oder so.«

Trotzdem wird es noch ein bisschen dauern, und nach den Erfahrungen im Referendariat ist die Haltung der Schulleitung für sie von besonderer Bedeutung. Dem Schulleiter kommt die Schlüsselrolle zu auf der Suche nach der inneren Sicherheit, die Elisabeth braucht, um vor der Klasse hinter den eigenen Gefühlen zu stehen. Sie abstrahiert, um mir zu erklären, was sie noch zögern lässt, erzählt mir von einem Fachkongress, in dessen Rahmen sie erlebt hat, dass eine Frau auf dem Podium eine abweichende Meinung äußerte und ihr daraufhin »der Mund verboten« wurde. Elisabeth fand, die gestoppte Rednerin hätte gerade da noch mehr Energie in die Situation geben sollen und ihre Ansicht mit Nachdruck vertreten, »richtig Tacheles reden.« Aber sie hat einen Rückzieher gemacht, vielleicht weil sie nicht hundertprozentig hinter dem stand, was sie sagte. Und genau so empfindet Elisabeth es in Bezug auf das Lesbischsein. »Wenn eine Frau lesbisch ist und dazu stehen kann, dann tritt sie anders auf. Und damit sie das kann, ist es eben wichtig, dass sie die Schulleitung im Zweifelsfalle auf ihrer Seite weiß.«

Der Zweifelsfall. Er ist auch deshalb das Problem, weil Elisabeth noch nicht verbeamtet ist. Sie hält sich mühsam zurück; manchmal denkt sie nach einem Gespräch mit einer

Kollegin, sie hätte sich auch outen können. Und im Kontakt mit den Kindern ist es ähnlich. Die sieben Zwerge wollen wissen, in wessen Bettchen sie schläft; was sie tut, wenn sie nicht unterrichtet. »Sind Sie denn nicht einsam?« fragen sie besorgt, als Elisabeth ihnen erzählt, dass sie allein wohnt. Sie schmunzelt über die bekümmerte Anteilnahme der Mädchen und Jungen, aber noch antwortet sie: »Nö, ich habe ja ein paar Freundinnen und meinen Hund.«

Lange wird sie das nicht mehr sagen. Es drängt sie förmlich, dieses Spiel hinter sich zu lassen, auch wenn die Unberechenbarkeit der Kinder das Coming-out nicht gerade erleichtert. Manchmal kennen vor allem die älteren Schülerinnen und Schüler keine Grenzen, werden verletzend oder beschämend, gerade in der Pubertät, und zwar ohne jede Vorwarnung. »Frau Baumgardt«, meldet sich eine Fünftklässlerin irgendwann mitten im Unterricht zu Wort, »haben Sie schon mal ficki-ficki gemacht?«

Elisabeth läuft zartrosa an. Sie kann nie wissen, was kommt, und wenn es im Raum ist, hat sie nicht lange Zeit, ihre Reaktion zu überdenken. »Dazu fiel mir dann aber auch nichts mehr ein«, sagt sie lachend. Es war ein Vorkommnis, das nichts mit ihrem Lesbischsein zu tun hat und doch ahnen lässt, was kommen kann, wenn sie darüber spricht. Tag für Tag erlebt sie, dass lesbisch oder schwul zu sein für die Kinder noch immer einen negativen Beiklang besitzt. Es wird deutlich, wenn ein Fünfzehnjähriger sich an sie wendet, sich beschwert, dass ein anderer ihn immer anfasst. »Ich will das nicht«, klagt er, »ich bin doch nicht schwul!«

Elisabeth hat Geduld. Sie nimmt sich die Zeit, die Verstrickungen in seinem Kopf zu entwirren. »Warte mal«, sagt sie ganz ruhig, »das sind doch zwei verschiedene Sachen. Sag dem anderen, dass du nicht willst, dass er dich anfasst. Das muss er akzeptieren. Aber du musst mir nicht sagen, dass du nicht schwul bist. Wir wissen jetzt, du bist es nicht, aber es wäre auch in Ordnung, wenn du es wärst.« Es ist mühsame Kleinarbeit, ein Anrennen gegen Althergebrachtes, das den Schulalltag durchdringt. In ihrer Klasse sind zwei Jungen, die im Unterricht nebeneinander sitzen und auch sonst jede Minute gemeinsam verbringen. »Zwei ganz dicke Freunde«, sagt Elisabeth und erzählt weiter, dass der eine der beiden dem anderen immer Küsschen auf die Wange gibt, wenn er sich über irgendetwas freut, während der andere in Erwägung zieht, den küssenden Kumpel zu ehelichen. »Aber ein Mann kann ja nur eine Frau heiraten. Zwei Männer, die heiraten, das geht ja nicht«, zeigt er sich enttäuscht. »Doch, mittlerweile geht das«, antwortet Elisabeth, lässt den beiden Freunden alle Perspektiven und sorgt für allgemeine Verwunderung.

Elisabeth möchte den Schülerinnen und Schülern die Möglichkeit unterschiedlicher Lebensentwürfe aufzeigen. Sie denkt daran, dass sie einmal Kinder in der Klasse haben könnte, die zwei Mütter oder zwei Väter haben. An der Schule, an der sie ihr Referendariat absolviert hat, gab es einen Jungen, der mit lesbischen Eltern lebte. Als dort ein Mädchen auf dem Schulhof als »Lesbe« beschimpft wurde, nahm sie sich die Zeit, in der Klasse darüber zu reden. Es war ein Schüler, der schließlich ins Grübeln kam. »Hey, wartet mal«, sagte er plötzlich, »der Martin, der hat doch zwei Mamas, die sind doch auch lesbisch, das ist doch nicht schlimm.«

Seit einem Jahr ist Elisabeth jetzt im glückbringenden Düsseldorf. Sie findet ihre Position im Kollegium, vertritt ihre pädagogische Linie und schmiedet Pläne für die Zukunft. Stärker als bisher möchte sie sich zukünftig in die Mädchenarbeit einbringen, hat das auch dem Schulleiter gegenüber schon einmal geäußert. Bislang fehlt ihr dafür aber das Netzwerk. Sie kennt sich vor Ort noch nicht gut genug aus, weiß nicht, wen sie in verschiedenen Problemlagen ansprechen könnte, kennt noch keine Mädchentreffs und keine Mädchenhäuser. Wieder erinnert sie sich an das Referendariat, und weil sie jetzt mit Abstand auf die zwei schwierigen Jahre zurückblicken kann, fallen ihr nun die angenehmen Erlebnisse aus dieser Zeit ein. So gab es an der Siegener Schule eine Sozialarbeiterin, die ein Gespür dafür hatte, was die Mädchen brauchten. Sie hatte Kontakte und konnte Türen öffnen. Wenn sie glaubte, dass in einer Gruppe eine Jugendliche war, die vielleicht lesbisch sein könnte, ging sie mit allen in ein Frauenkulturzentrum. Dort stellte sie die Räume, die Mitarbeiterinnen und das Programm der Einrichtung vor, ging dabei auch auf die Angebote für Lesben ein. Elisabeth funkelt mich an. Das sei es schließlich gewesen, was ihr in der Jugend gefehlt habe: der Kontakt mit anderen Lesben, Orte der Begegnung und vor allem eine Frau, die ihr sagt: Ja, du liegst richtig mit deiner Wahrnehmung. Es hat Elisabeth geprägt, dass der Weg zum eigenen Gefühl so umständlich war, so von Zweifeln überladen, die am Selbstbewusstsein nagten und die sie der nächsten Generation ersparen möchte.

Was sie meint, liegt offen zutage. Sieben Jahre ist es jetzt her, dass sie die Coming-out-Gruppe gefunden und Klarheit über ihre Gefühle gewonnen hat. »Da blüht was auf«, empfand sie, und ihre Erzählungen verdeutlichen, dass sie wächst, immer neue Knospen entwickelt, wenn sie an ihre Zukunft denkt. Seit längerer Zeit schon reizt sie der Gedanke, irgendwann noch eine Ausbildung zur Kinder- und Jugendpsychotherapeutin zu absolvieren. Eine andere Idee ist ganz frisch: Die Frau, die sich nach dem Abitur noch fragte, ob sie »zu doof ist, Lehrerin zu sein«, überlegt inzwischen zu promovieren. Eine ihrer früheren Professorinnen hatte diese Möglichkeit ins Spiel gebracht, aber damals konnte sich Elisabeth noch nicht entschließen, sondern wählte den Weg in die berufliche Praxis. Doch die Saat ist da, Elisabeth hat sie als Möglichkeit im Hinterkopf, genauso wie den noch immer vorhandenen Wunsch nach dem eigenen Kind.

»Da ist natürlich die Frage: wie?« überlegt sie laut, hält inne und atmet tief durch. Sie will viel auf einmal, ist »immer auf Achse«, hat Pläne. Und sie hat nun doch beinahe zwei Stunden lang geredet. Als sie auftaucht aus ihren Gedanken und es bemerkt, verrät ihr Blick, dass sie nach wie vor nicht ganz sicher ist, ob sie mir vertrauen kann. Trotzdem ist sie fröhlicher als bei der Begrüßung, aber das hat einen ganz anderen Grund: Es ist Samstagmittag, das Wochenende liegt vor ihr und mit ihm die Aussicht, die neue Liebe zu treffen, sobald ich gegangen bin. Ihre Sorgen vor dem, auf das sie sich »wieder eingelassen hat«, weichen den rosigen Aussichten. Sie gibt mir die Hand, die jetzt warm ist, und verabschiedet mich gutgelaunt an der Tür.

In den nächsten Jahren haben wir wichtigere inhaltliche Probleme an unseren Schulen zu lösen, als lesbisch und schwul zu sein in besonderer Weise zu propagieren. Durch intensive Befassung mit der rotgrünen Homofibel ist PISA nicht zu gewinnen.

Ingrid Pieper von Heiden, Bildungspolitikerin in NRW, nachdem die Schulbehörde die Verwendung einer Broschüre über Homosexualität im Unterricht untersagt hat.[7]

Hier schlägt mein Herz

Gabi Ollrogge, 40 Jahre, und
Christiane Wosch, 47 Jahre

Die beiden Mädchen auf den Stufen vor dem Eingang sehen auf. Gabi kommt auf sie zu, bleibt vor der Tür des Hauses stehen, in dem sie wohnt, und kramt in ihrer Tasche nach dem Schlüssel. Während sie noch sucht, fragt eine der Sechsjährigen plötzlich: »Hast du eigentlich einen Mann?«

Gabi sieht auf die Kleine hinab. »Nö, ich hab eine Frau«, antwortet sie spontan und beiläufig, merkt dennoch, dass ihr eine Spur von Anspannung in die Glieder kriecht. »Die kennst du doch sicher, die ist dir bestimmt schon oft im Treppenhaus begegnet«, sagt sie weiter und beschreibt ihre Freundin, um den verwunderten Blick aus den Augen des Mädchens zu vertreiben. Nun mischt sich das andere Kind ein. »Vor euch haben hier auch zwei Frauen gewohnt. Aber dann haben sie sich nicht mehr verstanden und sind ausgezogen«, erzählt sie unaufgeregt und ein wenig altklug. Für sie sind Gabi und Christiane nicht die ersten Lesben, denen sie begegnet. Ihre Spielgefährtin aber muss erst begreifen. Sie hat noch kein

Bild von dem, was Gabi erzählt, und so fragt sie mit einer Mischung aus Sachlichkeit und Neugier in der Stimme: »Ist denn deine Freundin jetzt da? Kann ich die mal sehen?«

Die Selbstverständlichkeit, die den Charakter der Szene bestimmt, wünscht sich Gabi auch für den Schulalltag. Seit vier Jahren teilen sie und Christiane ein gemeinsames Zuhause, ein gemütliches Domizil mit unverbauter Aussicht über den angrenzenden Park. Möbel und Bilder sind in warmen Farben gehalten, Bücherregale klettern randvoll die Wände bis zur Decke hoch, Tee und Kekse stehen auf dem Tisch bereit. Die Wohnung liegt im Zentrum Berlins, kaum zehn Minuten zu Fuß sind es bis zu jenem Rathaus, auf dessen Balkon sich John F. Kennedy einst selbst einbürgerte und vor dessen Toren heute die Regenbogenfahnen aufgezogen werden, wenn ganz in der Nähe die CSD-Woche mit einem riesigen Fest eröffnet wird. Die beiden Frauen sind zur gleichen Zeit nach Berlin gekommen, zwei Lehrerinnen, die sich versetzen ließen, um als Paar zusammenzuleben. Gabi ist in der Bundesrepublik aufgewachsen und unterrichtet an der Hauptschule, Christiane stammt aus der DDR und arbeitet am Gymnasium. An der Spree fließen ihre Geschichten zusammen.

Gabi erlebt ihre Jugend in den siebziger und achtziger Jahren im niedersächsischen Vechta. Sie geht in die Tanzschule und knutscht auf Feten mit Jungen herum – natürlich mit Jungen, etwas anderes gibt es ja nicht. Dabei interessiert sie sich eigentlich nicht für sie. »Ich habe mich irgendwie als Neutrum gesehen und so vor mich hin gelebt«, sagt sie achselzuckend. Auch für die Mitschülerinnen schwärmt sie nicht besonders, obwohl sie zeitweilig auf ein Mädchengymnasium geht. Als sie kurz vor dem Abitur in der Sportstunde Volleyball spielt, ruft eine aus dem gegnerischen Team ihr entgegen: »Ey, bist du 'ne Lesbe?« Die Frage kommt scharf über das Netz geschmettert, und Gabi ist völlig konsterniert, vor allem weil sie sich gar nicht erklären kann, wie jemand auf diese Idee kommen konnte. »Ich hatte gar nichts gemacht«, wundert sie sich noch heute, und damals ist sie nicht nur irritiert, sondern auch tief getroffen. Zwar gibt es diese junge Frau im Basketballverein – Gabi himmelt sie an, doch dass sie verliebt sein könnte, merkt sie nicht, allein dass die Teamgefährtin für Gabi eine Vorbildfunktion einnimmt und ihren Werdegang beeinflusst, wird ihr bewusst: »Die hat mich infiziert«, sagt sie beinahe zärtlich und meint es dennoch auch heute noch ausschließlich in Bezug auf die Berufswahl, denn ursprünglich wollte Gabi Logopädin werden. Die Umschwärmte aber ist Sozialpädagogin und erzählt viel von ihrer Arbeit mit Jugendlichen aus sozial schwachen Familien. Gabi interessiert sich für das, was sie hört, für die Mädchen und Jungen am unteren Ende der gesellschaftlichen Hierarchie, und so entwickelt sie schließlich den Wunsch, Hauptschullehrerin zu werden.

Zum Studium geht sie nach Hannover. Die pädagogische Fakultät dort ist fest in weiblicher Hand; Studentinnen, Dozentinnen, Professorinnen. Gabi ist ausschließlich von Frauen umgeben, ein Umstand, den sie über alle Maßen genießt. »Ich habe mich da pudelwohl gefühlt«, sagt sie verschmitzt. »Ich habe die Männer überhaupt nicht vermisst.« Ihren Kommilitoninnen geht es anders. Gabi erlebt, dass sie alle irgendwo einen Freund haben, betrachtet ihre Beziehungen und denkt sich: »Gott sei Dank, ich muss ja nicht.« Lesben nimmt sie in ihrem Fachbereich nicht wahr, hält auch nicht nach ihnen Ausschau, kommt gar nicht auf die Idee, denn sie versteht sich selbst noch immer als ›Neutrum‹.

Für das Referendariat kann Gabi in Hannover bleiben. Als sie es beginnt, ist sie 24, und ihre beste Freundin aus Studientagen geht gemeinsam mit ihr an die Schule. Nun sind sie Kolleginnen, kommen sich näher, und als sie in den Ferien auch zusammen in den Urlaub fahren, erhält ihr Verhältnis eine neue Dimension. »Da wurde es dann zum ersten Mal etwas anders, etwas sexueller, aber auch nur ganz kurz, nur ein, zwei Mal.« Noch bevor eine wirkliche Beziehung entstehen kann, wird die körperliche Anziehung für die andere schon wieder zum Tabu. »Die war dann eben doch eher auf Männer geeicht«, sagt Gabi bedauernd. »Endlich passierte mal was mit mir, und dann war es so, dass es dann doch wieder nichts war.«

Dem kurzen Reiseabenteuer folgt eine zermürbende Zeit unklarer Wünsche. Die beiden Frauen schleichen umeinander herum, die Freundin flüchtet sich in andere Beziehungen, und für Gabi ist alles nur noch schrecklich. Das Miteinander mit der ehemals Vertrauten wird zunehmend anstrengend. Dennoch fahren beide nach dem Abschluss des Referendariats noch einmal zusammen nach Indien. Diese letzte gemeinsame Reise gerät jedoch zum Desaster und endet mit kompletter Funkstille. Die Trennung tut weh, aber Gabi weiß nun, dass sie doch kein ›Neutrum‹ ist. »Da hatte ich dann Klarheit, wo ich hingehöre. Da bin ich zu der Überzeugung gekommen, dass ich in einer normalen Welt mit Familie keinen Platz finden werde.« In dieser Situation führt ihre erste Stelle sie an eine winzige Schule nach Hüttenbusch und damit in ein Dorf, das zwar unweit von Bremen, aber dennoch in völliger Einsamkeit mitten im Teufelsmoor liegt.

Die Umgebung, in die es Gabi verschlägt, passt zu den Gefühlen in ihrem Inneren. Sie zieht sich komplett von ihrer gesamten Umwelt zurück, von ihren Bekannten, Freundinnen und von den Eltern. Alle ihre Kolleginnen und Kollegen sind verheiratet und haben Kinder. Über das zu reden, was in ihr vorgeht, kommt Gabi gar nicht in den Sinn und erscheint auch völlig abwegig. Sie leckt sich ihre Wunden, und als sie es nicht länger erträgt, den Kummer über ihren gescheiterten Liebesversuch allein zu bewältigen, entschließt sie sich zu einer Psychotherapie. Sie findet einen Therapeuten, der ihr sympathisch ist. Und er ist schwul. Das allerdings ist ein glücklicher Zufall, vielleicht auch Intuition, aber keine bewusste Wahl. Er vermittelt Gabi, dass sie mit dem, was sie fühlt, schon in Ordnung ist. »Ich habe da wohl eine Art Startschussproblematik gehabt«, sagt sie heute, und als die Blockade gelöst ist, kann sie sich der Welt wieder zuwenden. Sie findet eine Coming-out-Gruppe in Bremen, trifft dort andere Lesben, mit denen sie über ihre unverdaute Trennung reden kann. War es zuvor noch eine negative Erkenntnis, die ihr klargemacht hat, was sie nicht haben wird, keine ›normale Welt‹, keine Familie, kann sie nun die positiven Seiten ihrer lesbischen Identität kennenlernen und begrüßen. »In der Gruppe hatte ich den Eindruck: ›Ja, das ist es, hier schlägt mein Herz. Guck mal an, ist doch gar nicht so schwierig.‹« Gabi ist 27.

Jetzt teilt sie sich auch ihrer Familie mit. Erstaunt stellt sie fest, dass ihre Mutter gar nicht überrascht reagiert. Dass Gabi wohl lesbisch ist, sei ihr schon klargeworden, als sie die Freundin aus dem Sportverein so sehr anhimmelte, sagt sie ihrer Tochter. Sie habe keine Probleme, das zu akzeptieren, wolle nur, dass ihre Kinder selbständig und glücklich sind. Sie habe eine lesbische Frau in ihrer Gymnastikgruppe, Gabi müsse sie kennen, es sei eine ehemalige Lehrerin von ihr. Gabi hat keine Ahnung, wer das sein könnte. Sie hat während ihrer Schulzeit keine lesbische Lehrerin wahrgenommen, und als sie von ihrer Mutter nun den Namen hört, begreift sie, dass es eben jene Frau ist, die bei allen immer als alte Jungfer verschrien war, als das klassische Fräulein von über 50. So erfährt Gabi nach vielen Jahren, dass die vermeintliche graue Maus der Schule hinter der farblosen Tarnfassade des Berufsalltags wohl eher in allen Farben des Regenbogens schillerte.

Gabis Eltern wohnen noch immer in Vechta, und ihre Mutter erzählt den Bekannten in der Nachbarschaft, dass Gabi lesbisch ist. »Das ist auch in Ordnung«, sagt sie dazu, um Klatsch schon im Keim zu ersticken. Von nun an wird sie angesprochen, wird gefragt, was Gabi macht, wie es ihr geht und ob sie nicht wieder einmal vorbeischauen will. Gabi ist misstrauisch, als sie davon erfährt. Sie hat mit diesen Leuten nie viel zu tun gehabt und wundert sich über das plötzlich erwachte Interesse an ihrer Person. Ist es voyeuristische Neugier, die sich da zeigt? Ist es das Bedürfnis, die eigene Aufgeschlossenheit zur Schau zu stellen? Sie weiß es nicht. Es könnte auch sein, dass sie für die Nachbarn ganz einfach als Mensch fassbarer geworden ist. Vielleicht ist es auch von allem etwas, eine Ambivalenz aus Toleranz und Vorurteilen, wie sie auch ihr Vater zeigt, der Lesben akzeptieren kann und Schwule nicht. Wie fast immer ist es die Sexualität, die seine Haltung gegenüber Männern so unnachgiebig macht: Das sei nicht gesund, argumentiert er, da reiße der Darm.

Mit den regelmäßigen Kontakten in der Coming-out-Gruppe ist für Gabi die Phase des einsamen Trauerns vorbei, doch an der Schule im Sumpf sitzt sie zunächst fest. Anfang der 1990er Jahre ist es kaum möglich, sich innerhalb Niedersachsens versetzen zu lassen, und so muss sie sich mit dem morastigen Umfeld arrangieren. Sie beginnt eine Affäre mit einer verheirateten Kollegin, die ihr von Anfang an klarmacht, dass sie Ehe und Familie nicht aufgeben, »das andere« aber auch haben will. Gabi ist ganz zufrieden mit der Situation. Sie hat die gescheiterte Beziehung noch in unguter Erinnerung, ihre lesbische Identität ist noch wacklig, und so sieht sie diese Affäre als willkommene Möglichkeit, sich auszuprobieren, ohne große Verpflichtungen einzugehen. Mit der Geliebten zusammen besucht sie eine Fortbildung, die sie immer wieder auf Bildungsreisen führt. Ein Jahr lang belegen die beiden Frauen gemeinsam Kurse und Hotelzimmer, dann kommt der Ehemann der Kollegin dahinter. Er verlangt von seiner Frau, die Affäre mit Gabi zu beenden. Sie verspricht es ihm und hält sich daran. »Bis auf ein oder zwei Mal«, sagt Gabi und grinst. Die Fortbildung dauert schließlich noch eine Weile.

Am Ende ihrer Affäre ist Gabi vier Jahre in Hüttenbusch. Sie findet es für sich nicht tragbar, noch länger in dem Dorf zu bleiben, in dem sie der Kollegin, deren Familie und den gemeinsamen Bekannten immer wieder begegnen würde. Sie entscheidet sich daher, sich bundesweit zu bewerben, was auch reibungslos klappt. Im Sommer 1996 wird sie wunschgemäß nach Lübeck versetzt. Beinahe gleichzeitig verliebt sie sich neu in eine Frau aus ihrer ehemaligen Coming-out-Gruppe, mit der sie eine Fernbeziehung beginnt.

Auf dem Dorf war es für Gabi undenkbar, sich an der Schule zu outen. Sie hatte immer das Gefühl, das gehöre dort nicht hin. An der Ostsee muss sie sich schon nach wenigen Wochen überlegen, wie sie es zukünftig damit halten will. Am neuen Ort noch gar nicht richtig angekommen, sind es die Schülerinnen und Schüler einer achten Klasse, die sie vor die Entscheidung stellen. Sie richten die üblichen Fragen an die neue Lehrerin, und Gabi antwortet völlig spontan, aber keineswegs gelassen. »Haben Sie einen Freund?« – Nö. »Wollen Sie einen Freund?« – Nö. »Haben Sie eine Freundin?« – Ja. »Sind Sie lesbisch?« – Ja. Das Klingeln am Ende der Stunde erlöst sie, fluchtartig verlässt sie das Klassenzimmer, unsicher, ob es richtig war, so schnell so offen zu sein. Noch kann sie ihr Kollegium nicht einschätzen, auch nicht die Schülerinnen und Schüler und schon gar nicht deren Eltern. In wachsender Panik sucht sie den Rat einer Personalrätin, erzählt ihr von ihren Ängsten, findet Unterstützung und in der Personalrätin bald auch eine gute Freundin. Gabis Einstieg in Lübeck wird auf diese Weise ein gelungener. Die befürchteten negativen Reaktionen der Klasse, vor der sie sich geoutet hat, bleiben aus, das mit Erschrecken vor dem eigenen Tun hervorgebrachte Bekenntnis verhallt ohne großes Echo. »Es kam gar nichts, und es verbreitete sich auch nicht, wie ich annahm.« Allein die Kolleginnen und Kollegen erfahren nach und nach von Gabis Lesbischsein. Auf welche Weise kann sie heute selbst nicht mehr so genau sagen. »Ich habe ihnen gegenüber kein Tabu daraus gemacht. Mir wurde dann schon zugetragen, dass einige das irgendwie komisch fanden. So nach dem Motto: Muss sie denn darüber reden?« Gabi lässt sich jedoch nicht einschüchtern, bringt sich mit ihrem Leben immer mehr ein. Weil sie in dieser Zeit eine Fernbeziehung hat, kommt ihre Freundin nie zu Feiern in die Schule und bleibt dort eine

Unbekannte, aber Gabi spricht immer häufiger von ihr. »Wenn ich auch nicht so weitschweifig aus meinem Privatleben erzählt habe wie die anderen, die tagaus, tagein von ihren Ehen und ihren Kindern reden.«

Als Gabi zwei Jahre in Lübeck ist, fährt sie erstmals zum jährlich stattfindenden Bundestreffen lesbischer Lehrerinnen. Weil sie hier den Austausch mit Gleichgesinnten findet, der ihr an der Ostsee fehlt, besucht sie die Zusammenkunft fortan regelmäßig. »Es ist eine schöne Börse«, sagt sie verschmitzt, denn nicht nur fachliches Interesse führt die Pädagoginnen zusammen. Gabi lernt hier 2001 auch Christiane kennen. Die beiden Frauen verlieben sich ineinander, und nachdem Gabi eine Fernbeziehung hinter sich hat, wünscht sie sich nun mehr räumliche Nähe mit der Partnerin. Auch Christiane möchte mit Gabi zusammenleben, und so beantragen beide Frauen die Versetzung nach Berlin. Der Plan geht auf; es liegt vielleicht auch an Christianes guten Kontakten zur Gewerkschaft, dass die Versetzung beider so reibungslos verläuft. »Da hat wohl einer von Christianes Bekannten an richtiger Stelle interveniert und gesagt, ›ihr müsst da mal so ein lesbisches Paar zusammenführen.‹«

Als Gabi an der neuen Schule ankommt, stellt der Rektor sie im Rahmen der ersten Lehrerkonferenz den anderen vor und begrüßt sie herzlich. Dann gratuliert er einem Lehrer, der mit seinem Freund gerade eine Lebenspartnerschaft eingegangen ist. Gabi merkt, sie ist in Berlin. Zwei Lesben und drei Schwule sind sie insgesamt im Kollegium, was bekannt, aber kein Thema ist. Es klingt ein bisschen bedauernd, als Gabi sagt, es scheint ihr beinahe komisch, in der Großstadtschule den ›Bonus des Besonderen‹ verloren zu haben. »Der Schulleiter in Lübeck war ein Macho. Der konnte nicht gut mit mir umgehen, dem war ich immer ein bisschen unheimlich, was den Vorteil hatte, dass ich bei dem alles leicht durchsetzen konnte, was ich wollte«, sagt sie und schmunzelt schelmisch. Auch das Bundestreffen lesbischer Lehrerinnen hat viel von seiner Anziehungskraft eingebüßt. In Berlin kennt Gabi so viele gleichgeschlechtlich liebende Pädagoginnen, dass sie den überregionalen Austausch nicht mehr unbedingt braucht. Manchmal fährt sie noch hin, aber die ›schöne Börse‹ hat an Bedeutung verloren, wie auch der gleichförmige Tonfall verrät, wenn sie jetzt darüber spricht.

Gabi lebt sich ein in der neuen Stadt. Gemeinsam mit Christiane packt sie die Bücherkisten aus, lernt die Frauenszene kennen, singt im Lesbenchor und lädt die Kolleginnen und Kollegen zu einem Konzert ein. Auch der Schulleiter will kommen. Der Gedanke macht sie ein bisschen nervös, so wie es jede nervös machen würde, vor der Chefetage zu singen. Lesbisch zu sein empfindet sie im Kreise des Kollegiums als Alltäglichkeit. Anders sieht es in Bezug auf die Schülerinnen und Schüler aus. Hier erlebt sie, dass in negativer Weise als Lesbe oder Schwuler bezeichnet zu werden noch immer gang und gäbe ist. »Es ist nach wie vor ein Erniedrigungsmuster, mit dem zu beschimpfen noch immer funktioniert, obwohl die Kinder heute viel mehr darüber wissen und Lesben und Schwule im Fernsehen und in der Öffentlichkeit sehen.« Die Mädchen bezeichnen sich seltener gegenseitig als Lesben, eher dann, wenn sie gerade im Clinch miteinander liegen und es gegeneinander als Speerspitze benutzen wollen. Bei den Jungen an ihrer Schule ist es allgegenwärtig. Sie nennen andere Jungen schwul, um sie in die Schranken zu weisen, und Mädchen lesbisch, um zu erreichen, dass sie sich nicht einander, sondern ihnen zuwenden. Auch im Beisein des mit seinem Mann verheirateten Lehrers fallen abfällige Begriffe, obwohl sie nicht einmal von seiner Lebenspartnerschaft wissen. Die Unberechenbarkeit der Kinder bleibt, und so bleibt auch bei Gabi ein Bedürfnis nach Selbstschutz im Kreis der Jugendlichen. Sehr gut erinnert sie sich an eine Situation, in der ihr die eigene Unsicherheit besonders deutlich wurde.

Nach einer Klassenreise kommt Gabi mit dem Zug in Berlin am Bahnhof Zoo an. Christiane holt sie ab, und ihre Kollegin wird von ihrem Mann empfangen. Es ist ein befreundetes Paar, die vier Erwachsenen kennen sich gut. Die beiden Lehrerinnen verabschiedeten die Schülerinnen und Schüler, aber »wie es so ist, sind nicht alle Eltern da, einige sind eben zu dusselig, ihre Kinder rechtzeitig abzuholen«, ärgert Gabi sich. Dass sie so ungehalten ist, liegt auch daran, dass sie nicht weiß, wie sie Christiane im Beisein der Jugendlichen begrüßen soll. Unschlüssig tritt sie von einem Bein aufs andere, und schließlich ist es ihre Kollegin, die die Situation erfasst. Sie geht auf ihren Mann zu, umarmt ihn und geht dann auch auf Christiane zu. Dabei sagt sie zu Gabi: »Jetzt hör mal, jetzt umarme ich Christiane mal zuerst, und dann kannst du loslegen.« Erst da wird Gabi so richtig bewusst, dass sie sich zurückgenommen hat. Sie tadelt sich selbst als »verklemmt« in dieser Situation, dabei offenbart die Art ihres Erzählens, dass sie sich tatsächlich in der Klemme sah. Auch die scheinbare Alltäglichkeit im Berliner Leben kann nicht darüber hinwegtäuschen, dass es in den Augen der Schülerinnen und Schüler vielleicht nicht dasselbe ist, ob die verheiratete Kollegin

Christiane umarmt oder eben sie selbst, neben der kein Ehemann steht. »Manches ist einfacher in Berlin, aber die Vorsicht im Kopf ist noch da.« Dabei ist Gabi überzeugt, dass es gerade die gewöhnlichen Situationen sind, in denen sich ihre Beziehung gut nach außen zeigen lässt und die ihr eine gewisse Selbstverständlichkeit verleihen, ohne plakativ sein zu müssen.

Die Vorsicht im Kopf. Sie zeigt sich im öffentlichen Umgang mit dem Privaten, aber sie beeinflusst manchmal auch den Kontakt mit den Schülerinnen und Schülern. Gabi hat eine Sechzehnjährige in ihrer Klasse, von der sie weiß, dass sie vor einem Jahr eine andere Lehrerin heftig umschwärmt hat. Das Mädchen suchte bei jeder Gelegenheit die Nähe der Kollegin, himmelte sie an und war weit anhänglicher als gewöhnlich. Gabi wundert sich, dass die Schülerin keinen Hehl aus ihren Empfindungen machte. »Die war sich offensichtlich gar nicht bewusst, dass das, was sie fühlt und tut, gesellschaftlich nicht kompatibel ist, nicht wegen der Rollen und des Altersunterschieds, sondern wegen des Geschlechts.« Als diese Jugendliche in Gabis Klasse kommt, spürt Gabi, dass sie zu ihr auf größere Distanz geht als zu anderen Schülerinnen, weil sie das Mädchen in so jungen Jahren nicht in irgendeine Richtung schieben, sie nicht manipulieren will. Auch hat sie Angst, dass die Schülerin sich nach der Kollegin nun in sie verliebt. »Ich wüsste dann nicht, wie ich die Distanz noch halten soll bei so einem in Flammen stehenden Teenager, der dann nichts anderes mehr sieht.« Gabis anfängliche Sorgen haben sich allerdings inzwischen verflüchtigt. »Das Mädchen ist jetzt neutral«, sagt sie erleichtert. Ein ›Neutrum‹?

Vielleicht war es nicht so sehr die Angst, das Mädchen zu

manipulieren, die Gabi Distanz halten ließ, sondern eher die Sorge, dass ihr genau das von anderen, besonders von den Eltern, vorgeworfen werden könnte. Denn während es in Gabis Kollegium kein Problem ist, offen lesbisch zu sein, und von den Schülerinnen und Schülern nicht allzu viele davon wissen, bleiben die Eltern eine beunruhigende Größe im Hintergrund. Sie seien es, die »richtig Ärger machen könnten.« Wie genau dieser Ärger denn aussehen würde, kann Gabi nicht benennen. Sie glaubt nicht, dass sie ihre Stelle verlieren könnte, aber ... Ja, was eigentlich? Gabi sinnt darüber nach, grübelt und kann doch keine konkrete Vorstellung fassen. Eine vage Bedrohlichkeit liegt über der Frage wie einst der Nebel über dem Teufelsmoor, in dem ein falscher Schritt bedeuten konnte, den festen Boden unter den Füßen zu verlieren. Gabi sucht weiter und findet schließlich die Angst vor dem schlechten Reden. Wieder taucht der Begriff des Kompatiblen auf. Sie habe eben nicht die gleichen Lebensentwürfe wie die Eltern ihrer Schülerinnen und Schüler. Und oft sei es ja die Verschiedenheit, die zur trennenden Barriere werden könne. Sie glaubt, dass die Mütter und Väter mehr noch als ihre Kinder festgefahrenen Konventionen verhaftet seien und damit auch entschiedener in ihrem Bedürfnis, sich gegen andere abzugrenzen. Je mehr sie im Gespräch über das Thema nachdenke, desto mehr spüre sie, dass sie sich wünschen würde, nicht immer in dieser Dreiteilung von Kollegium, Kindern und Eltern denken zu müssen, sondern dass es eben »einfach so wäre, wie es ist.« Aber die Eltern bleiben im Schulalltag außen vor, und die Pubertierenden, deren unverblümte, oft verletzende Direktheit sie täglich erlebt, brauchen eine strikte Grenze, ab der sie sagt: »Das ist privat, das geht die nichts an.« Als ein Schüler sie einmal mit ihrer Freundin in der U-Bahn sieht und am nächsten Morgen wissen will, wer das denn war, antwortet sie: »Eine Freundin.« Sie verzieht das Gesicht bei ihren Worten, wiederholt sie mir gegenüber noch einmal nachdenklich und bedeutungsvoll gedehnt: »*Eeiine* Freundin. Ja, ja.«

Die Scheu, das Private in den Schulalltag hineinzutragen, kennt auch Christiane. Oft ist darin aber nicht allein das eigene Bedürfnis nach Abgrenzung zu sehen, sondern sie ist auch eine Reaktion auf die Forderungen aus dem heterosexuellen Umfeld. Sowohl in den Kollegien als auch unter den Eltern ist eine Haltung weit verbreitet, die besagt: Seid lesbisch, seid schwul, seid was ihr wollt, aber seid es unauffällig. So erzählt mir Christiane von einer Begebenheit, die sich kürzlich an ihrer Schule ereignete: Eine Deutschlehrerin nahm einen Vorfall, bei dem ein Junge aus einer siebten Klasse als Schwuler gehänselt wurde, zum Anlass, einen Pädagogen von einem Projekt einzuladen, der eine Unterrichtseinheit zum Thema verschiedene sexuelle Identitäten durchführen sollte. Sofort fühlte sich ein anderer Lehrer berufen, die Eltern dazu aufzuhetzen, sich gegen dieses Vorhaben auszusprechen. Es gab dann auch tatsächlich Widerstand gegen die Veranstaltung von Seiten einzelner Mütter und Väter, aber sie fand schließlich trotzdem statt. Im Nachhinein jedoch äußerte ein Vater sein Unverständnis darüber, weshalb nur ein Schwuler gekommen sei, das sei sehr einseitig, man müsse doch wenigstens beides aufzeigen, Heterosexualität und Homosexualität. Christiane verdreht die Augen und stöhnt. »Echt, immer wieder dasselbe. Sie wollen einfach nicht begreifen, dass man mit Heterosexualität überschüttet wird. Und wenn dann einmal etwas anderes in den Vordergrund gerückt wird, kommt sofort so ein Erschrecken: ›Huch, das kriegt zuviel Raum!‹ Da kommt der Gedanke durch, die Kinder sind in der Pubertät. Die tun so, als wäre das ansteckend.« Umso wichtiger ist es, dass der Berliner Lehrplan das Thema gleichgeschlechtliche Lebensweisen als Bestandteil des Sexualkundeunterrichts vorsieht. Dadurch wird den Lehrerinnen und Lehrern, die dazu arbeiten, der Rücken gestärkt. Die Eltern müssen darüber informiert, aber nicht um Erlaubnis gefragt werden. »So müssen es dann auch die Muslime ertragen, es sei denn, sie machen krank an diesem Tag.«

Die Möglichkeit, immer wieder auf religiös motivierte Ressentiments zu stoßen, hat Christiane täglich vor Augen. Als sie 2002 nach Berlin kam und die Arbeit an einem Neuköllner Gymnasium antrat, dachte sie zunächst: »O Gott, so viele Türken, da sagst du am besten erst mal gar nichts von deinem Lesbischsein.« Erst als sie merkte, dass es andere offen lebende Lesben und Schwule in ihrem neuen Kollegium gab, die einen guten Stand an der Schule hatten, konnte sie sich nach und nach outen. So kann sie heute viel schneller mit den Schülerinnen und Schülern in Kontakt kommen, die mit ihr über das Thema reden wollen. Beispielgebend erzählt sie von einem Jungen, dessen Mutter behauptete, dass er schwul sei. Er vertraute sich Christiane an, und sie konnte dann mit ihm darüber reden. Sie hat ein gutes Verhältnis zu den Kindern, aber der Gedanke, dass doch einmal jemand die Eltern gegen sie aufbringen könnte, bremst sie in ihrer Spontaneität. »Ich bin eigentlich ein körperlicher Mensch«, sagt sie. »Ich klopfe den Kindern auch mal auf die Schulter oder nehme sie auch in den Arm, um sie zu trösten. Die Mädchen und die Jungs.«

Reservierter sei sie schon geworden in den letzten Jahren, sich den unverkrampften Umgang mit den Schülerinnen und Schülern ganz zu versagen, würde sie aber als große Beschränkung empfinden. »Manchmal sprudelt es eben aus mir heraus.«

Und so empfindet sie das Wissen um die unberechenbaren Reaktionen der Kinder, vor allem aber der Mütter und Väter wie die berühmte Bananenschale, die irgendwo herumliegt. Wohl auch deshalb wünscht sie sich für ihren Berufsalltag ganz allgemein mehr Schutz vor Angriffen. In diesem Zusammenhang fällt ihr das im vergangenen Jahr erschienene *Lehrerhasserbuch* ein, dessen Autorin sich berufen fühlt, aufgrund eigener schlechter Erfahrungen mit einem ganzen Berufsstand abzurechnen. Verständnislos schüttelt Christiane den Kopf. »Es ist ja in Ordnung, Dinge zu kritisieren, aber Hass?« Sie betont das letzte Wort und wirkt bestürzt. Soviel Bosheit ist ihr fremd, und sie hätte sich eine derartige Feindseligkeit wohl auch nicht träumen lassen, als sie beschloss, Lehrerin zu werden.

Christiane wird 1959 in Pasewalk geboren, wo sie auch aufwächst. Sie ist ein aufgewecktes Mädchen und hat viele gute Ideen, was sie einmal werden könnte. »Prinzessin war darunter und Schlagerstar«, erzählt sie lachend, und ihre fröhlich funkelnden Augen machen mir diese Vorstellung leicht. Ab der dritten Klasse beginnt sie dann aber, sich für eine Zukunft in der Schule zu interessieren. Dabei bleibt sie schließlich, und weil sie auch die Medizin interessiert, wählt sie Biologie und Sport, zwei Fächer, die in der DDR immer zusammengehören, wie alle Fächerkombinationen zwingend vorgegeben sind. Christiane besteht die Eignungsprüfung für das Sportstudium und auch noch einen weiteren Test, der in ihrer Heimat vor dem Gang in den Hörsaal für werdende Lehrkräfte obligatorisch ist und bei dem festgestellt wird, ob das stimmliche Vermögen für den anvisierten Beruf ausreicht. Vieles ist anders als in der Bundesrepublik, die Ausbildung geradlinig und schnell. Nach Abschluss des Studiums ist kein Referendariat vorgesehen. Mit dem Zeugnis von der Universität in der Hand wird Christiane sofort und mit voller Stundenzahl in den Schulalltag integriert. »Es gab zwar eine Absolventenzeit, in der manchmal jemand im Unterricht hospitierte und hinterher Ratschläge gab, aber ich hatte von Anfang an die gleichen Aufgaben wie alle anderen, auch schon eine Klassenleitung.« Nach zwei Jahren wird sie noch einmal eingeschätzt, aber eine Prüfung muss sie nicht mehr ablegen.

Auf diese Weise wird Christiane nun doch noch so etwas wie eine Prinzessin. Sie ist erst 22, als sie vor ihre Schülerinnen und Schüler tritt, die teilweise nur sechs Jahre jünger sind als sie. Die Rolle garantiert ihr dabei die nötige Anerkennung der Jugendlichen: »Ich war die Lehrerin«, sagt sie entschieden, »und dann war ich auch gleich erwachsen.« Sie arbeitet an einer kleinen Schule in einem Dorf an der Müritz, und vielleicht trägt auch das ländliche Umfeld dazu bei, dass sie sofort respektiert wird. Der geringe Altersunterschied zu den Jugendlichen soll ihr erst viel später merkwürdig erscheinen, nämlich heute, wenn sie in die Gegend kommt und junge Männer und Frauen in ihr die Lehrerin erkennen – nicht ihre eigene, sondern die ihrer Mütter und Väter. »Da kommt man sich schon ein bisschen komisch vor, wenn man Mitte vierzig ist und erwachsenen Kindern ehemaliger Schülerinnen und Schüler begegnet.«

Als Christiane 17 Jahre alt ist, erlebt sie mit ihrer besten Freundin eine Situation, die sie im Rückblick als Suche nach Körperkontakt deuten würde. Damals ist sie sich dessen nicht bewusst, und die Freundin blockt auch sofort ab. Es ist Christianes einziges Erlebnis mit einem Mädchen. »Ich bin penetrant hetero durch die Pubertät gezogen, mit allem, was man so damit verbindet«, erzählt sie amüsiert. Sie heiratet früh. Ihr Mann ist Ökonom, ein ganz Lieber, aber in der Ehe will es trotzdem nicht so richtig funktionieren, »auch wenn wir uns immer viel Mühe miteinander gegeben haben.« Als Christiane die Arbeit als Lehrerin aufnimmt, hat sie an der Dorfschule einen Kollegen, der die Ferien und die Wochenenden mit dem »Ex-Schwager« verbringt, wie er regelmäßig kundtut. Alle grinsen darüber. Alle wissen, dass er schwul ist. Ihm selbst ist wohl auch klar, dass alle es wissen, doch er präsentiert den vermeintlichen Verwandten wie eine offizielle Erklärung, spricht nie von seinem Liebsten oder seinem Freund. Irgendwann gerät er in eine schwierige Situation, als er gemeinsam mit anderen Männern Pornos guckt und einer von ihnen in Begleitung eines Minderjährigen ist, der die Sache hinterher zur Anzeige bringt. »Da sind dann ganz viele abwertende Dinge passiert, wo es überhaupt keine Rolle mehr spielte, wer er eigentlich war. Leute, die ihn als Mensch gar nicht kannten, haben sich dazu aufgeschwungen, ihn zu bewerten.«

Christiane erschrickt über diesen Vorfall. Sie ist eine, die »immer Toleranz predigt«, und so bringt sie das Thema Homosexualität, das in der DDR für gewöhnlich ein Nischendasein führt, auch in den Unterricht ein. Ganz blauäugig und wohlmeinend geht sie dabei vor, auch unerfahren, aus der Perspektive der heterosexuell lebenden Ehefrau und auf die

Weise, die vorgegeben war nach dem Motto: »Jetzt gehen wir mal alle Abartigkeiten durch und zum Schluss auch noch die Homosexualität.« Als sie 24 ist, verliebt sich eine Schülerin in sie, aber Christiane merkt es nicht, vielleicht auch weil sie es nicht erwartet. Auf einer Klassenreise sitzt sie mit dem Mädchen abends auf einem Steg am See. Das Wasser ruht still, die Luft ist mild, das Surren der Libellen begleitet das anregende Gespräch, das die halbe Nacht lang dauert. Die Sechzehnjährige schmachtet Christiane an, ist selig und auch wieder nicht. »Die hat heftigst gelitten, und ich hab nichts mitgekriegt.« Christiane erfährt es erst Jahre später, als die beiden sich einmal unverhofft wiedersehen. Mittlerweile hat die Lehrerin das Coming-out hinter sich – und ihre ehemalige Verehrerin lebt glücklich mit einem Mann zusammen. Diese Ironie bereitet Christiane sichtliches Vergnügen. »Ja, da war die Welt andersrum!« Laut lachend wirft sie sich in ihrem Stuhl zurück.

1988 geht Christiane mit ihrem Mann nach Neubrandenburg. Sie unterrichtet an einer Schule am Stadtrand, er arbeitet in einem landwirtschaftlichen Großbetrieb. Die beiden gewöhnen sich ein, aber dann ändert sich plötzlich das ganze Leben, als Christiane sich bei einer Geburtstagsfeier in eine Kollegin ihres Mannes verliebt. Die andere erwidert ihre Gefühle. Christiane spricht mit ihrem Mann, der sehr verletzt, aber auch einsichtig reagiert. Gegen eine Frau könne er ja nicht ankämpfen, das müsse er eben hinnehmen, meint er resigniert, und dann geht alles sehr schnell. Christiane beginnt ihre erste Frauenbeziehung, im Spätsommer 1989 wird sie geschieden. Weil sie und ihr Mann keine Kinder haben und in der DDR beide

Ehepartner in der Regel finanziell unabhängig voneinander sind, ist das gerichtliche Prozedere ein unkomplizierter Vorgang. »Das war eine Sache von 25 Minuten, die Eheschließung hat 30 gedauert.« Christiane sagt es humorvoll, aber die Phase, in der sie ihre Gefühle für Frauen entdeckt und sich von ihrem Mann trennt, ist für sie nicht einfach, weil zunächst nur ganz wenige von den Veränderungen in ihrem Leben erfahren. Sie spricht mit der besten Freundin, und auch in Neubrandenburg hat sie einen schwulen Kollegen, der sich ihr gegenüber outet und zum Vertrauten wird. Vor allem er ist es, der sie durch die Zeit des persönlichen Umbruchs begleitet. Weil ihr Bruder zeitgleich Eheprobleme hat und ihre Eltern sich deshalb große Sorgen machen, sagt sie gegenüber der Familie zunächst nichts von dem, was in ihrem Leben passiert. Erst als sie aus dem Gerichtssaal kommt, stellt sie ihre Mutter und ihren Vater vor vollendete Tatsachen: »So, heute morgen um zehn Uhr bin ich geschieden worden.« Ihre Eltern reagieren unspektakulär und sanft, und Christiane stellt ihnen in den folgenden Jahren wechselnde Freundinnen vor. Nicht alle mögen sie, aber sie sind trotzdem freundlich zu ihnen, weil sie zu ihrer Tochter gehören. Mit Gabi verstehen sie sich aber wirklich gut. Oft ist das Paar gemeinsam bei Christianes Eltern zu Besuch, und wenn Christiane einmal allein dort ist, erzählt sie viel aus ihrem Alltag. »Da ist dann eben Gabis Auftritt mit dem Lesbenchor ein Thema.«

Aber noch einmal zurück in die Wendezeit. Mit ihrer ersten Freundin bezieht Christiane in Neubrandenburg eine gemeinsame Wohnung. Sie hat das Bedürfnis, auch in der Öffentlichkeit zu zeigen, dass sie mit ihr zusammen ist. In der Stadt und auch an der Schule hat sie menschlich mittlerweile eine gesicherte Position, dennoch erzählt ihr schwuler Kollege ihr manchmal, was hinter ihrem Rücken geredet wird. Offiziell outet sich Christiane im Kollegium nicht, macht andererseits aber auch kein Geheimnis aus ihrer Beziehung. »Ich habe es nicht so auf den Punkt gebracht, nur erzählt, ›wir wohnen zusammen‹, ›wir fahren zusammen in den Urlaub‹. Es hat sich dann so ergeben, dass es nach und nach alle wussten, wobei man schon auch die Erfahrung machte, dass manchen das auch nicht klar wird, warum man zusammenwohnt, wenn man es nicht sagt.«

Mit der Zeit spricht sich Christianes Frauenbeziehung auch unter den Kindern herum. Die Frotzeleien ihr gegenüber nehmen zu, das verschämte Gekicher auch, und als eine achte Klasse sie immer hartnäckiger, wenngleich indirekt nach ihren Beziehungen fragt, nach Ehe oder nicht, Mann oder kein Mann, geht Christiane in die Offensive. »Naaa guuut«, sagt sie den Dreizehnjährigen gedehnt, »wenn ihr es denn unbedingt so genau wissen wollt, dann sage ich es auch noch mal laut: Ja, ich bin lesbisch, ja, ich lebe mit einer Frau zusammen.« Für viele ist ihre Eröffnung nur eine Bestätigung dessen, was sie ohnehin vermutet haben, und die Fragen, die sie nun stellen, sind nicht mehr verschämt oder kichernd, sondern ernsthaft und interessiert. »Da kam nichts Doofes wie ›wer liegt unten, wer oben‹, wie ich angenommen hatte. Die haben genau die Punkte angesprochen, über die ich mir ja am Anfang auch so meine Gedanken gemacht habe. Wie haben die Eltern es aufgenommen? Wann haben Sie das gemerkt? Wie ist es denn im Sportunterricht? Genau das ist ja auch immer meine Frage. Wieweit muss ich mich da zurücknehmen?

Kann ich da überhaupt noch jemanden anfassen oder nicht?«

Das Gespräch mit den Schülerinnen und Schülern bewirkt, dass Christianes Verhältnis zu dieser Klasse in der Folge besonders gut wird. Für sie ist diese Gruppe ein bisschen wie eine Familie. Die Kinder wollen Anteil nehmen an dem, was in Christianes Leben passiert, zeigen weiterhin Interesse, reden mit ihr über verschiedene CSDs. Es ist an der Schule in Neubrandenburg die einzige Klasse, in der sie ihr Lesbischsein ganz offiziell zum Thema macht. Die Reaktionen der Kinder sind für sie eine positive Erfahrung. Erst im Nachhinein erfährt sie, dass sie zwei schwule Jungen in dieser Klasse hatte.

Christiane ist nach der Wende als Lehrerin auch gewerkschaftlich aktiv. Im Rahmen ihres Engagements in der Personalvertretung beginnt sie zunächst zurückhaltend, mit der Zeit aber vehementer, die Situation von Lesben und Schwulen im Lehrberuf in den Gremien zu thematisieren, Gespräche zu führen und Materialien zu verteilen. Drei Jahre lang arbeitet sie im Hauptvorstand der GEW, setzt sich dort für die Gründung einer Gruppe ›Schwule und Lesben in der GEW‹ ein und dafür, dass Themen wie Diskriminierung im Kollegium oder Homosexualität im Schulalltag auf die Tagesordnung kommen. Sie ist so etwas wie die »personifizierte Frau« für diesen Bereich, meint auch, dass immer eine Person dahinterstecken müsse, die selbst davon betroffen ist. »Sonst ist in den Institutionen kein Interesse dafür vorhanden. Menschlich habe ich mich mit meinen Kolleginnen und Kollegen gut verstanden, aber wenn ich politische Forderungen gestellt habe, vermittelten sie immer wieder: ›Du als Person bist okay, aber mach kein großes Drama draus.‹«

Als Christiane sich 2002 nach Berlin versetzen lässt, um mit Gabi zusammenzuleben, begegnet ihr auf der einen Seite die Aufgeschlossenheit der Großstadt, auf der anderen ist es für sie das erste Mal, dass sie einen beruflichen Einstieg erlebt als eine Frau, die sich ganz offen als Lesbe zeigt. In den Vorstellungsgesprächen gefragt, warum es sie nach Berlin ziehe, antwortet sie wahrheitsgemäß, weil sie hier mit ihrer Freundin zusammenleben möchte. »Einige Schulleiter haben dazu dann ihre Meinung geäußert, so nach dem Motto: ›Ach, das ist ja mal wieder interessant‹ oder ›Na, dann haben Sie ja keine Kinder und fehlen nicht so oft‹. Dass die das so aufgegriffen haben, fand ich schon bemerkenswert.«

Schließlich bekommt Christiane eine Stelle an einem Gymnasium in Berlin-Neukölln. Der Ton hier ist rauer als in der mecklenburgischen Kleinstadt, und die Schule hat einen hohen Anteil von Kindern aus muslimisch geprägten Familien. Anders als zuvor ist Christiane nun für alle eine Fremde. Niemand scheut sich, in ihrem Beisein abfällige Bemerkungen über Lesben und Schwule zu machen. Christiane erschrickt über das, was sie zu hören bekommt, und fühlt sich persönlich getroffen: »Diese Ausdrücke, die permanent benutzt werden, diese Feindlichkeit, die sich da bemerkbar macht.« Im Leistungskurs Biologie greift sie das Thema Homosexualität gerade deshalb auf, aber auch in diesem Rahmen stößt sie auf massive Ablehnung. Sie merkt, dass sie nach außen verhaltener wird, verhaltener auch, als sie es in Neubrandenburg war. Gerne würde sie mehr Aufklärung über gleichgeschlechtliche Lebensweisen in den Schulalltag einbringen, aber abgesehen von fachübergreifenden Projekttagen, in denen sie unter anderem mit Hilfe szenischer Darstellungen zu sexualpädagogischen Fragen oder auch zum Thema Gewaltfreiheit arbeiten kann, bleibt dafür im Unterricht kaum Raum. »Ich habe 33 Kinder und 45 Minuten, da ist nicht viel möglich.«

So ist der Weg hin zu selbstverständlicher Akzeptanz gleichgeschlechtlicher Lebensweisen noch ein weiter. Ob es die Begrüßung auf dem Bahnhof ist, der hohe Krankenstand unter den Kindern vor dem Themenblock ›Lesben und Schwule‹ in der Biologiestunde oder die Bedenken vor dem hilfreichen Schubser beim Unterschwung eines Mädchens am Reck: In vielen kleinen Situationen offenbaren sich Ängste und Misstrauen auf unterschiedliche Weise. Aber es gibt auch das andere, das ermutigt: die Gespräche mit den Jugendlichen nach dem CSD; die unverblümt kindliche Neugier, die auch vor der Haustür nicht haltmacht; den Besuch des Kollegiums beim Auftritt des Lesbenchors. Christiane und Gabi erleben beide Seiten – jeden Tag. Sie können ein Lied davon singen.

Angst zu haben ist natürlich. Aber hier verhält es sich genauso wie mit vielen anderen Herausforderungen im Leben: Je mehr wir unternehmen, desto wohler fühlen wir uns. Je mehr Arbeit du in die Schaffung eines positiven Umfelds für lesbische, schwule und bisexuelle SchülerInnen investierst, desto ungezwungener kannst du an dein – und können sie an ihr – Coming-out herangehen.

Überlegungen zum Coming-out an der Schule[8]

Auweia, die kommt in unser Zimmer!

Regine Straub, 54 Jahre

Die Zeiger der Uhr stehen fast auf halb vier. Ich bin mit Regine Straub nach ihrer letzten Unterrichtsstunde an der Realschule verabredet, an der sie unterrichtet. Es ist ein altmodisches Gebäude im Zentrum von Tübingen, ein Schulhaus mit mehreren Flügeln und soliden Mauern, hinter denen schon unzählige Generationen von Schülerinnen und Schülern über ihren Aufgaben gebrütet haben müssen. Als ich am Sportplatz vorbeikomme, höre ich eine Klingel, die für mich schrill, in den Ohren der Lernenden aber sicher wie Musik klingt, verkündet sie doch das Ende der Paukerei für diesen Tag. Kurz darauf stürmt mir auch schon eine Horde Jugendlicher entgegen. Ich möchte mir nicht einmal vorstellen, Tag für Tag vor ihnen stehen und sie bändigen zu müssen. Drei Mädchen haben es offensichtlich weniger eilig. Vergnügt plaudernd flanieren sie durch das Ausgangstor. Ich unterbreche ihre Unterhaltung und frage sie nach dem kürzesten Weg in den naturwissenschaftlichen Trakt. Sie deuten hinüber zum Haupteingang, und als ich mich bei ihnen bedanke, lächeln sie mich offen an, ihre Zahnspangen blitzen mir entgegen. Ich überlasse sie wieder ihrem Gespräch, betrete das Schulgebäude und nehme die Atmosphäre in der hohen Eingangshalle auf: Am Schwarzen Brett sind die Probenzeiten des ›Bubenchores‹ zu lesen; ein Aushang informiert, an wen sich von Gewalt Betroffene wenden können; unterschiedliche Telefonnummern für Männer, Frauen und Kinder, für Täter und Opfer. Ich gehe die Treppe hoch in den dritten Stock, halte Ausschau nach dem Raum, in dem ich verabredet bin.

Eine Chemielehrerin ist es, die mich erwartet. Unweigerlich fallen mir Bunsenbrenner, Kohlefilter und Knallgasprobe ein, und so bleibe ich ehrfürchtig vor dem Periodensystem der Elemente stehen, versuche vergeblich, nicht an meine eigenen Erfahrungen mit flüchtigen Verbindungen unter dem Rauchabzug zu denken, auch nicht an meine damalige Chemielehrerin. Sie war eine humorvolle Frau, die in den späten siebziger Jahren in Jeans und Karohemd vor der Klasse stand und auf die Frage nach dem Verlauf ihres Wochenendes regelmäßig antwortete, sie habe es »mit einem lieben Menschen« verbracht. Auffällig um die Sympathie ihrer Schülerinnen und Schüler bemüht, hatte sie stets einen lockeren Spruch auf den Lippen. »Affinität«, erklärte sie uns grinsend, »das kennt ihr ja; das ist so, wie wenn sich in der Pubertät ein Mädchen und ein Junge füreinander begeistern.« Viel habe ich nicht behalten aus dem Chemieunterricht, aber diese verwirrende Lektion ist mir doch im Gedächtnis geblieben.

Regine Straub ist eine zierliche Frau mit kräftigem Händedruck und interessiertem Blick. Schnell merke ich, dass meine Befürchtung, sie nach der achten Unterrichtsstunde müde und abgespannt vorzufinden, überflüssig war. Kaum hat sie mich begrüßt, da drückt sie mir auch schon das unhandliche Modell eines Otto-Motors in die Hand und fordert mich auf, ihr zu folgen. Sie wirbelt durch Klassenzimmer und Vorbereitungsräume, ich eile mit dem Monstrum hinter ihr her, bis sie mir ihren überladenen Schreibtisch zeigt und sich ärgert, dass er viel zu winzig ist. Sie stapelt Bücher und Papiere, dann nimmt sie mir endlich den Motor ab. Als wir uns setzen, erkundigt sie sich beiläufig, ob sie während des Gesprächs ihr selbstgemachtes Müsli essen kann. Kaum dass ich nicke, schraubt sie auch schon den Deckel von einem randvollen Glas, taucht einen Löffel hinein und rührt hingebungsvoll in dem milchigen Brei. Dann blickt sie mich an und sieht dem Interview aufmerksam entgegen.

Als Regine sich bewusst wird, dass sie lesbisch ist, steht sie schon seit vielen Jahren im Berufsleben. Bei ihrem Comingout ist sie 34 Jahre alt, und bis dahin ist sie nie richtig verliebt gewesen. Manchmal denkt sie, dass sie sowieso keiner will, ohne dass es sie wirklich stört. Sie lebt mit zwei Frauen, einem Mann und zwei Kindern in einer Wohngemeinschaft zusammen, die für sie auf angenehme Weise so etwas wie eine Familie ist. Und sie hat immer viel zu tun, findet es auch deshalb nicht bedrohlich, keine Beziehung zu haben. Irgendwann unternimmt sie eine längere Reise nach London, wo sie im Haus von Eheleuten wohnt. Sie freundet sich mit der Frau des Paares an, und als sie wieder abreisen muss, stellt sie fest, dass der Gedanke an den Abschied sie buchstäblich untröstlich werden lässt. Regine versteht zunächst nicht wirklich, was mit ihr geschieht, aber sie offenbart der Engländerin ihre

Liebe. Die Angesprochene hat selbst Erfahrungen mit Frauen, und so ist ihr Regines Empfinden zwar nicht fremd, aber sie erwidert ihre Liebe nicht. Für sie ist die Beziehung zu ihrer Besucherin lediglich eine sehr gute Freundschaft. Regine fliegt unglücklich nach Hause zurück, doch trotz ihres Liebeskummers weiß sie, dass sie »eine Ebene von Gefühl entdeckt« hat, die sie zuvor nicht kannte und die sie »in Zukunft nicht mehr missen« will. Es ist ein allmählicher, aber unwiderruflicher Prozess, der da in Gang gekommen ist. Regine braucht Zeit, ihre Erlebnisse auf der anderen Seite des Kanals zu verarbeiten. Zurück in Deutschland, beginnt sie zaghaft, in der heimischen Umgebung nach Lesben Ausschau zu halten. »Irgendwo müssen die doch sein«, denkt sie sich, »ich kann doch nicht die Einzige sein auf dieser großen Erde.« Allmählich wird ihr klar, dass sie vielleicht doch nicht 34 Jahre alt geworden ist, ohne je zuvor verliebt gewesen zu sein. Plötzlich tauchen sie alle vor ihrem geistigen Auge auf: die Schulfreundin, die Jugendgruppenleiterin und die Kommilitonin während des Studiums; auch die Klassenlehrerin, die keinen Fernseher besaß und beim Radiohören bügelte. »Banale Hausarbeit« nannte sie das, was für Regines Mutter, für ihre Oma und all ihre Tanten der eigentliche weibliche Lebenszweck zu sein schien. »Also, da gab es tausend Frauen, die toll und wichtig waren, aber irgendwie hatte man ja Tomaten auf den Augen, gell?«

Die Suche nach anderen Lesben führt Regine in einschlägige Kneipen und Cafés, aber sie ist ein politisch denkender Mensch und fühlt sich nicht zu Frauen hingezogen, die keinerlei feministisches Bewusstsein haben und von ›ihrem Partner‹ sprechen, wenn sie ihre Freundin meinen. »Das ist nicht meins«, stellt Regine für sich fest. Erst als sie eine Veranstaltung des Lesbenrings besucht, findet sie Gleichgesinnte, und nun erhält ihr ganzes Privatleben eine neue Qualität. Zu ihrem langjährigen Freundinnenkreis gewinnt sie einen weiteren dazu, lernt auch die Frau kennen, die ihre Lebensgefährtin wird und mit der sie bis heute – seit mittlerweile 19 Jahren – zusammen ist. Ihre Mitbewohnerinnen und ihr Mitbewohner begleiten ihr Coming-out auf liebevolle Weise, obwohl sie zunächst irritiert sind, als Regine wie verwandelt aus London zurückkehrt. Auch sie brauchen Zeit, um sich auf die neue Situation einzustellen. Als Regines Freundin das erste Mal bei ihr übernachten will, ist es für die anderen anfangs durchaus ungewohnt – ein Problem, das es so nicht gegeben hätte, wäre es ein Mann gewesen. »Da habe ich gemerkt, dass es eben doch nicht gleich so easy war, aber dann haben sie sich daran gewöhnt, und alles ging gut.«

Die Begegnungen mit ihren neuen lesbischen Freundinnen empfindet Regine als Bereicherung. Schneller als gewöhnlich nach dem Kennenlernen gehen die Gespräche mit ihnen in die Tiefe. Das Coming-out ist dabei ebenso ein Thema wie die Überzeugung, dass Lesben nicht irgendeine Vorstellung nachleben können, dass sie ihren eigenen Weg finden müssen, anstatt einfach Rollenerwartungen zu erfüllen. Ein wenig Stolz schwingt in Regines Tonfall mit, als sie sagt: »Lesben, die ihr Coming-out heil überstehen, sind dann auch ausgeprägtere Persönlichkeiten, wenn sie diese Klippe schon einmal genommen haben.«

Regine gönnt sich eine Auszeit vom Schulbetrieb. Sie nimmt ein Sabbat-Jahr, das sie zusammen mit ihrer Freundin in Asien verbringt, und als beide zurückkommen, beziehen sie eine gemeinsame Wohnung in dem Haus, in dem Regine zuvor schon gelebt hat. Sie erzählt nun auch ihrer Mutter und ihrem Vater von den Veränderungen in ihrem Leben. Es sei nicht ihr Wunsch, sagen ihre Eltern diplomatisch, aber es sei auch nicht ihr Recht, sich in das Leben ihrer Kinder einzumischen.

Was sie vor allem scheuen, ist das offene Wort. Sie kommen aus einer badischen Kleinstadt, einer Region, in der gewöhnlich ungesagt bleibt, was nicht dem traditionellen Lebensentwurf entspricht. So ahnt Regine beispielsweise, dass sie einen schwulen Onkel hat, aber offiziell redet niemand darüber, auch er selbst nicht. Man geht irgendwie miteinander um, man weiß es auch so. Erst als ihr Onkel an Aids erkrankt, wird seine Homosexualität ein Thema, kurz vor seinem Tod. »Natürlich ist es immer müßig, sich in Bezug auf die Verwandten zu fragen, was wissen die, was könnten die wissen, wollen es aber nicht wissen«, sagt Regine. Für sich selbst möchte sie diese Unklarheit nicht, und so stellt sie ihren Eltern die Freundin vor, die heute die Position einer Schwiegertochter einnimmt. Das allerdings hat zehn Jahre gedauert. »Es braucht eben doch länger als bei den Heteros, aber besser spät als nie«, sagt Regine und lacht etwas bittersüß. Sie hat zu ihrer Familie einen schönen Kontakt, schiebt sie resümierend hinterher.

Und Familie ist ein dehnbarer Begriff. Aus Regines ehemaliger Wohngemeinschaft wird im Laufe der Jahre eine Hausgemeinschaft. Regine genießt es, gemeinsam mit ihrer Lebensgefährtin in dieses vertraute Umfeld eingebettet zu sein. Die Turbulenzen der Veränderung haben sich gelegt. Regine kommt an, hat inzwischen das Gefühl, ›Ich bin mit einer Frau zusammen‹, verinnerlicht. Noch aber verspürt sie kein Bedürfnis, sich auch im Berufsleben zu outen, ist sie sich doch all der Vorurteile bewusst, die ihr dort entgegenschlagen können. Und so kommt sie zu dem Entschluss, diesen Schritt erst zu gehen, wenn sie so viel Sicherheit gewonnnen hat, dass sie nicht panisch vor der Klasse stehen und sagen wird: »Also, es ist mir ja sehr peinlich und tut mir auch echt leid, aber ich muss euch mal was sagen ...« Gerade diesen Eindruck will sie ihren Schülerinnen und Schülern nicht vermitteln. »Vielleicht ist es ein Vorteil für alle spätberufenen Lesben, dass du deine Spur schon hast und weißt, du bist nach wie vor ein vollwertiger Mensch, und keine Lust hast, dich jetzt diskriminieren zu lassen.« Es klingt ein bisschen trotzig, wie sie das sagt, und es klingt nach reiflicher Überlegung. Gute Argumente, hinter denen sich auch die eigene Angst verbergen kann, wie Regine feststellen muss, als ein Ereignis sie aufwühlt und alle Planspiele durchkreuzt.

Als Regine 38 Jahre alt und seit drei Jahren mit ihrer Freundin zusammen ist, wechselt sie an eine andere Schule. Eigentlich ist es eine gute Gelegenheit, sich dort von Anfang an als Lehrerin zu präsentieren, die mit einer Frau zusammenlebt, aber sie möchte sich zunächst in der neuen Umgebung eingewöhnen, ihren Platz im Kollegium und bei den Schülerinnen und Schülern finden, möchte auch, dass die Tatsache, dass sie lesbisch ist, von anderen als ein Aspekt ihrer Persönlichkeit wahrgenommen wird und nicht als das zentrale Merkmal. Sie ist gerade ein halbes Jahr an der neuen Schule, als sie mit einer siebten Klasse, einem weiteren Lehrer und einer Referendarin ins Schullandheim fährt.

Die Reise verläuft gut, die Klasse ist aktiv und teilt sich irgendwann für alle möglichen Unternehmungen in Wunschgruppen auf: Theaterrunden hier, Tanzzirkel da, und Regine bietet in dieser Phase ein Spiel unter der Überschrift ›Was wäre, wenn?‹ an. Sexualität und Partnerschaft beginnen in dieser Altersstufe gerade ein Thema zu werden, und so kommen Gespräche auf zu den Fragen: Wie würdest du reagieren, wenn deine Schwester schwanger wäre? Was wäre, wenn deine Eltern nicht wollen, dass du mit einem bestimmten Mädchen oder Jungen zusammen bist? Und auch: Was wäre, wenn eine Freundin dir sagt, dass sie lesbisch ist? Die Kinder spielen die angesprochenen Situationen in kleinen Gruppen durch, es herrscht eine angenehme Atmosphäre. Regine will, dass die Schülerinnen und Schüler lernen, dass es nichts gibt, über das man nicht reden kann; sie will Barrieren abbauen. Zwei Tage lang führt sie dieses Spiel mit verschiedenen Runden durch; manche Kinder kommen neu, andere wollen immer wieder dabei sein. Die Schülerinnen und Schüler sind voll bei der Sache, und wie bei solchen Reisen üblich, sind sie aufgedreht und haben viel Spaß. Nach immer längeren Wachphasen und viel zu wenig Schlaf sind sie aber irgendwann auch übernächtigt. Eines Abends – Mitternacht ist längst vorüber – kommt Regine nach einer späten Teambesprechung an einem der Mädchenzimmer vorbei. Sie sieht, dass dort noch Licht brennt und will einmal nachsehen, doch kurz bevor sie anklopft, hört sie Stimmen auf der anderen Seite der Tür, hört ihren Namen und ein Zischeln: »Die ist lesbisch.«

Was folgt, ist Aufruhr. Die Schülerinnen plappern wild durcheinander, entwickeln Ängste und panische Phantasien: »Auweia, und die kommt hier in unser Zimmer! Was will die von uns?« Es sind Mädchen aus der Was-wäre-wenn-Gruppe, mit denen Regine den ganzen Tag über gut gearbeitet hat, aber jetzt, in der übernächtigten Situation, in der sie in ihren Betten sitzen und sich hochschaukeln, ist dieses Thema für sie dann eben doch bedrohlich, verbunden mit einem Erschrecken, und Regine bekommt das Gefühl, »lesbisch heißt Monster.«

Der Aufruhr entsteht nicht nur jenseits der Tür. Er findet sich auch in Regines Magengrube und in ihrem Kopf. Auch sie entwickelt Panik, sieht sich »mit der Frage geschlagen«, wie sie sich verhalten soll. Das Spiel der letzten beiden Tage geht nun in eine Runde, in der die zentrale Frage sie persönlich betrifft: Was wäre, wenn deine Schülerinnen mitbekommen, dass du lesbisch bist, und nicht wissen, wie sie damit umgehen sollen? Regine will sich nicht durch eine von außen an sie herangetragene Situation zwingen lassen, sich vor den Schülerinnen zu outen, sie will aber auch nicht über das hinweggehen, was sie zufällig gehört hat. Sie beschließt, sich noch in dieser Nacht mit ihrem Team zu besprechen. Gegenüber ihrer Kollegin und ihrem Kollegen räumt sie bei dieser Gelegenheit ein: »Ja, ich bin lesbisch. Es stimmt also, was die Mädchen sagen.« Sie ist durcheinander und aufgeregt, aber sie findet Rückhalt im Team. »Die sind toll gewesen, die haben mich voll unterstützt«, erinnert sie sich.

Gemeinsam reden die drei über die Situation und beschließen eine Strategie. Es ist die Referendarin, die zweite Frau in ihrer Runde, die daraufhin in das Mädchenschlafzimmer geht und fragt: »Was ist denn los, hier ist ja so ein Tumult, was gibt es denn?« Tatsächlich sprechen die Mädchen ihr gegenüber an, dass sie vermuten, dass Regine lesbisch ist, lassen ihren Gedanken und auch ihren Phantasien freien Lauf. Die junge Lehrerin schlägt den Schülerinnen vor, Regine einen Brief zu schreiben. Für den aufgeheizten Augenblick hat sie damit genau die richtige Idee. Die Schülerinnen hocken zusammen, formulieren ihre Gedanken, und als sie jeden Punkt schriftlich festgehalten haben, können sie schlafen.

Regine allerdings schläft nicht viel in dieser Nacht. Wieder ist es dieses Wort, »lesbisch«, das ihre Lage so verfahren macht. Sie weiß genau, wie viele negative Assoziationen damit verbunden sind. »Wenn ich sage, ich lebe seit Jahren mit einer Frau zusammen, dann klingt das nach Liebe, nach Treue. Da gibt es einen Menschen, der mir guttut, und nicht so ein theoretisches Konstrukt. Wenn ich sage: ›Ich bin lesbisch‹, dann habe ich doch immer sofort all die Vorurteile gegen mich, die mit diesem Begriff in Verbindung gebracht werden. Wenn ein Schüler mich fragt: ›Sind Sie lesbisch?‹, dann muss ich doch erst einmal sortieren und zurückfragen: ›Willst du wissen, ob ich eine Frau liebe oder ob ich ein Schwein bin?‹« So betrachtet ist ihre Position im Schullandheim tatsächlich paradox. Regine will als die Person gesehen werden, die sie ist, aber gerade das lässt sie zögern, sich zu outen, weil sie fürchtet, sonst durch eine Brille falscher Zuschreibungen wahrgenommen zu werden, von denen sie annimmt, dass sie nicht gerade schmeichelhaft sind.

Die Nacht war lang, aber sie ging zu Ende. Am nächsten Nachmittag stecken zwei zu Kurieren bestimmte Jungen Regine den Brief der Mädchen zu. Sie geht zu den Verfasserinnen ins Zimmer, um mit ihnen zu reden. Anders als im Spiel der vergangenen Tage tun sich beide Seiten schwer mit diesem Gespräch. Die Schülerinnen drucksen endlos herum, es kommt lange Zeit nichts Gescheites von ihrer Seite, bis eine von ihnen vorsichtig fragt: »Sind Sie eigentlich lieber mit Männern oder mit Frauen zusammen?«

Es ist eine sehr offen gehaltene Frage, auf die Regine eine Antwort finden muss. Es ist eine Frage, die ihr viel Spielraum lässt. Sie verrät die Unsicherheit der Mädchen, aber vielleicht auch ihre Behutsamkeit, mit der sie es der Lehrerin überlassen, wieweit sie sich mitteilen möchte. Regine aber steht unter Druck, und so ist sie dankbar für die allgemeine Formulierung, die ihr den sicheren Boden unter den Füßen lässt. »Das ist ja eine gute Frage«, sagt sie schließlich. »Es gibt viele Sachen, die mache ich lieber mit Frauen, aber Fußball spiele ich viel lieber mit Männern. Ich habe viele Freundinnen und auch viele Freunde.« In ihrer Antwort steckt die Bitte, nicht weiter zu insistieren. Die Mädchen kommen dem nach. Vielleicht ist es ihr Feingefühl, ein Gespür für die Situation, das sie innehalten lässt. Regine aber, die sich auf eine Aussprache vorbereitet hat und sie gleichzeitig fürchtet, deutet es eher als einen Mangel an Mut. Sie sieht mich an, legt eine bedeutungsvolle Pause ein und hebt die Hände zu einer ratlosen Geste. »Die Mädchen haben dann nicht mehr nachgefragt, sie haben es nicht gepackt; plötzlich schien ihnen der Gedanke, ›diese Frau ist ein Schwein und will uns anmachen‹, ungeheuerlich. Bei Tageslicht besehen war ihnen das, was sich da in der Nacht aufgebaut hatte, wohl selbst peinlich. Und dann waren sie beruhigt, alles war in Butter, ihnen war klar, sie brauchen keine Angst vor mir zu haben.«

Inzwischen denkt Regine, sie hätte sich auch damals schon outen können. Das allerdings sagt sie rückblickend aus ihrer heutigen Position, als eine, die mittlerweile seit Jahren an ihrer Schule als lesbische Lehrerin präsent ist. Damals aber lagen die Dinge anders. Das Schullandheim, in dem man tagelang zusammenhockt, in dem Ängste sich auf allen Seiten ins Unendliche steigern können und es keine Möglichkeit gibt, Abstand zu nehmen, schien ihr nicht der geeignete Ort für eine vertrauensvolle Aussprache. Und vor allem: Die Zeit war nicht reif.

Regine wechselt später noch einmal den Arbeitsplatz, bewirbt sich an einer Schule, die näher zu ihrer Wohngegend liegt. Als sie dort das Gefühl hat, eine gesicherte Position einzunehmen, outet sie sich zum ersten Mal vor einer Klasse. Seit dem Ereignis im Schullandheim sind sieben Jahre vergangen.

Regine unterrichtet neben Chemie auch Biologie. Im Rahmen des Aufklärungsunterrichts spricht sie mit den Schülerinnen und Schülern unter anderem über Homosexualität, auch über Diskriminierung, ihre Ursachen und die rechtliche Lage für Lesben und Schwule weltweit. Die Unterrichtseinheit dauert drei Stunden. Es ist eine zehnte, relativ kleine Klasse, zu der Regine ein gutes Gefühl hat. So sagt sie schließlich zum Abschluss des Themas: »Jetzt noch was Privates: Ich lebe seit zehn Jahren mit einer Frau zusammen, und wenn es noch Fragen gibt, dann fragt mich halt.« Wieder wird zunächst einmal geschrieben. Die Jugendlichen notieren auf kleinen Zetteln, was sie wissen wollen. Regine hat während dieser Phase Zeit, sich zu sammeln. Dann sortieren sie gemeinsam die einzelnen Punkte. Es sind ernsthafte Fragen, die da gestellt werden: Weiß es das Kollegium? Haben Sie selbst schon einmal Diskriminierung erlebt? Wollten Sie denn keine Kinder? »Im Prinzip schon«, antwortet Regine und zuckt mit den Schultern. »Das ist eben schwierig.« Ihre Antworten beschäftigen die Klasse, und auch etwas anderes steht noch auf dem einen oder anderen Zettel: Was machen Frauen im Bett? Niedergeschrieben ist auch diese Frage möglich, und Regine guckt für sich, was sie dazu sagen will. Als die Stunde vorüber ist, weiß sie, dass sie sich richtig entschieden hat. Es wird ihr nicht zum Nachteil, dass sie sich mitgeteilt hat, das Thema steht danach nicht mehr auf der Tagesordnung, und die Kinder sind noch netter zu ihr als zuvor, honorieren, dass Regine sie ernst nimmt. Sie merkt aber auch, dass es sich an der Schule herumspricht. »Sind Sie eine Lesbe?« ruft ein Achtklässler ihr einmal hinterher. Regine imitiert seinen vorlauten Ton, aber sie bleibt ungerührt. »Wenn man sich einmal geoutet hat«, stellt sie lediglich fest, »dann kann man es nicht mehr zurücknehmen, und das ist dann auch in Ordnung.«

Seit neun Jahren ist Regine mittlerweile out, hat inzwischen umfangreiche Erfahrung darin, mit Schulklassen über Homosexualität zu sprechen. Wenn sie das Thema heute im Unterricht behandelt, lässt sie die Jugendlichen schon am Anfang neben den Fragen gleich alle Vorurteile und Schimpfwörter sammeln, die ohnehin im Raum sind. »Da kommt dann auch wirklich die volle Dröhnung«, versichert sie mir. ›Schwanzlutscher‹ ist ebenso dabei wie ›Arschficker‹, dazu die Überzeugung, dass alle Schwulen einen Ring im linken Ohr tragen und Lesben eben Männer hassen. Nicht immer bekommt sie Rückmeldungen von einzelnen Schülerinnen und Schülern, wenn sie sich selbst outet, aber Stimmungsbilder nimmt sie dennoch auf, erlebt die Unterschiede vor allem bezüglich der familiären Hintergründe ihrer Schützlinge. Die Kinder nichtdeutscher Herkunft kennen durchaus das Gefühl, Teil einer Minderheit zu sein. Diese Gemeinsamkeit mit Homosexuellen ebnet ihnen vor allem dann den Weg zur Akzeptanz von Lesben und Schwulen, wenn ihre Eltern keine Vorurteile zeigen. Schwieriger wird es, und das gilt für alle Schülerinnen und Schüler, wenn die Religion in der Familie eine bestimmende Rolle spielt. Streng gläubig erzogene Kinder tun sich noch immer schwer damit, gleichgeschlechtliche Lebensweisen zu akzeptieren, ganz egal, ob sie christlich oder muslimisch geprägt wurden. »Und von denen gibt es ja immer viele«, sagt Regine und schmunzelt ein wenig ketzerisch. »Die verhüten ja nicht.«

Auf der anderen Seite erlebt Regine auch immer wieder Jugendliche, die ihr signalisieren: »Ich bin froh, dass es Sie gibt; ich bin froh, dass Sie offen sind und ich ein Vorbild habe.« Da ist der Junge in der Neunten, der seine Sachen zusammenpackt und aufsteht, nachdem sich Regine in seiner Klasse geoutet hat. Sie denkt, er will gehen, aber das tut er nicht. Stattdessen setzt er sich auf einen freien Platz in der ersten Reihe und himmelt sie an. Regine weiß nicht, ob er schwul ist, aber sie vermutet es, weil er so sehr ihre Nähe sucht. Da ist die Schülerin aus der Zehnten, die als Ohrring zwei Frauenzeichen trägt und Regine anspricht. »Ich hätte so gern eine Freundin«, erzählt sie ihrer Lehrerin. Sie hat keine günstige Position in ihrer Klasse und ist ziemlich allein. Regine hat sie nicht im Unterricht. »Zum Glück«, sagt sie, »sonst hätte ich vielleicht eine Grenze überschritten.« Denn das Mädchen kommt jeden Donnerstag nach der letzten Stunde. Sie ist ein ausgesprochen schweigsamer Mensch, daher ist es denn auch vor allem Regine, die das Gespräch in Gang hält. Obwohl sie nach einem langen Unterrichtstag schon ziemlich geschafft ist, redet sie mit der Schülerin, während sie ihre Materialien wegräumt, und wenn sie fertig ist, sagt sie: »So, jetzt gehen wir aber.« Es ist anstrengend für sie, aber sie denkt an ihre eigene Schulzeit zurück. »Hätte ich damals eine lesbische Lehrerin gehabt, hätte ich vielleicht einiges früher kapiert, und mancher Selbstzweifel wäre mir erspart geblieben.« Sie findet es wichtig, dass sie für lesbische Mädchen, vielleicht auch für schwule Jungen so etwas wie eine Türöffnerfunktion haben und ihnen vermitteln kann: »Ja, du kannst ein glücklicher Mensch werden und sein.«

Regines ehemalige Schülerin ist inzwischen eine junge Frau. Sie hat nach dem Realschulabschluss noch das Abitur gemacht und besucht heute die Universität. Auch eine Freundin hat sie mittlerweile gefunden, ist glücklich, ist bei sich angekommen. Vermutlich hat Regine auch lesbische und schwule Jugendliche in ihrem Unterricht, die in der Pubertät ihre inneren Kämpfe in der Reibung mit ihr austragen. Das aber bekommt sie nicht so deutlich zu spüren. Sie ist Fachlehrerin, unterrichtet die meisten Kinder nur zwei bis drei Stunden in der Woche. So kann sie nicht immer darüber informiert sein, was die Schülerinnen und Schüler gerade beschäftigt und hat auch diesen Anspruch nicht. »Mein Job ist es, mit den Kindern möglichst gut umzugehen, sie zu fördern, ihnen ihren Unterrichtsstoff beizubringen, sie gerecht zu behandeln und gerecht zu bewerten. Ich kann nicht ihre Probleme lösen, kann mich nur als Person anbieten wie ich bin.« Wenn die Jugendlichen ihren Abschluss machen, merkt sie manchmal, für wen sie wichtig war. Da gibt es welche, die dann begeisterte Rückmeldungen schreiben, die vermitteln, wie gut es für sie war zu erfahren, dass es verschiedene Möglichkeiten zu leben gibt und dass man auch als Lehrerin dazu stehen kann, lesbisch zu sein. Das ist es, was sie vermitteln will: Guck nicht, was die anderen tun – geh deinen eigenen Weg.

An Regines Schule unterrichten 65 Pädagoginnen und Pädagogen. Es ist ein großes Kollegium, in dem die Beziehungen vielfältig sind. Regine hat viele Freundschaften in diesem Rahmen, andere Lehrkräfte kennt sie kaum. Ihre Freundin ist an der Schule bekannt, sie sitzt neben Regine in der Aula, wenn es dort eine Aufführung gibt, und sie ist natürlich dabei, wenn Regine zu Hause ein Fest feiert. Obwohl das Umfeld im Land ziemlich konservativ ist, herrscht an ihrer Schule ein liberales Klima. Vielleicht liegt es daran, dass Tübingen eine Universitätsstadt ist, vermutet sie. Als Lehrerin offen lesbisch zu leben, ist in ihrem Arbeitsumfeld durchaus möglich, aber Regine ist auch klar, dass es andere Lesben und Schwule in ihrem Kollegium gibt, denen der Schritt, sich zu outen, »zu heiß« ist. Als sie darüber nachdenkt, fällt ihr ein mittlerweile pensionierter Kollege ein. »Ein ganz feiner Mensch war das, ein echter Intellektueller«, sagt sie und erzählt mir von ihm, einem Lehrer für Französisch und Deutsch. Regine wusste, dass er schwul ist, aber an der Schule hat er es nie gesagt, es aber auch nie dementiert. Sein Problem war, dass er ein ziemlich unglückliches Privatleben führte, immer irgendwie im Konflikt mit der Schwulenszene stand, dort viel Ausbeutung und Oberflächlichkeit erlebte. Der schnelle Sex, das Sich-zur-Schau-Stellen fand er abstoßend, und so zog er sich immer mehr zurück, lebte allein und wurde mit seinem Schwulsein letztlich nicht glücklich. So konnte er in dieser Hinsicht natürlich auch kein mutmachendes Vorbild sein. Regine zuckt bedauernd die Schultern. »Gerade das zeigt doch aber, dass man eben nicht alle Menschen über einen Kamm scheren kann.«

Regine ist mittlerweile in der lesbisch-schwulen Szene sehr verwurzelt. Manchmal wünscht sie sich, eine Art offizielle Beauftragte für lesbische und schwule Jugendliche zu sein. Einmal hat sie bei den Gay Games in Amsterdam einen schwulen Lehrer aus Massachusetts kennengelernt, der ihr sagte, er sei Ansprechpartner für die Lesbians and Gays in seiner Schule. Regines Ton wird beinahe ehrfürchtig, als sie mir das erzählt, ich kann förmlich spüren, wie erstrebenswert sie das findet. Gleichzeitig wünscht sie sich aber auch, dass heterosexuelle Lehrerinnen und Lehrer selbstverständlicher mit dem Thema Homosexualität umgehen und durch ihre Ausbildung dazu in die Lage versetzt werden. »Bislang kommt doch immer nur ein Gemurkse dabei heraus«, beklagt sie. »Die können doch gar nicht kompetent auftreten, wenn lesbische oder schwule Jugendliche sie ansprechen.« Viele ihrer Kolleginnen und Kollegen sehen das Thema lediglich als Aspekt des Biologieunterrichts, nicht ganzheitlich als eine bestimmte Lebensweise. Regine erhofft sich, dass die Möglichkeit der ›Homoehe‹ hier zu einem Bewusstseinswandel beiträgt. Bislang ist das allerdings in ihrem Kollegium nicht zu erkennen, und viele Lehrkräfte schieben das Thema auf Regine ab, weil sie sowohl Sexualkunde unterrichtet, als auch lesbisch ist. So ist sie quasi tatsächlich eine Beauftragte für lesbisch-schwule Themen, allerdings mit umgekehrten Vorzeichen: Nicht weil man die Notwendigkeit einer solchen Funktion erkennt, erhält sie den Zuschlag, sondern weil es praktisch und scheinbar naheliegend ist, das Thema auf sie abzuwälzen. Dabei gehört es ihrer Meinung nach durchaus in einen breiteren Rahmen und kann Bestandteil des Unterrichts in vielen Fächern sein: Man könne sehr wohl die vielen homosexuellen Künstlerinnen und Künstler erwähnen, die es gegeben hat und noch immer gibt; man könne in Sozialkunde über den Umgang mit Minderheiten reden oder in Geschichte die Verfolgung Homosexueller durch die Nationalsozialisten thematisieren. Aber obwohl viele der Pädagoginnen und Pädagogen an Regines Schule durchaus aufgeschlossene Menschen seien, passiere genau das eben in aller Regel nicht. Selbst im Rahmen der Sexualkunde tun sich viele im Kollegium damit schwer. »Das wird auf die Beschreibung der Geschlechtsorgane und die biologischen Abläufe begrenzt, darüber hinaus passiert nichts. Schwangerschaft, Geburt, ein bisschen Verhütung vielleicht noch, aber das ist es dann auch. Sexualkunde, oje«, witzelt sie, »das Wort hört sich ja schon so gefährlich an! Ich glaub', der Begriff allein macht schon schwanger.«

Der Spagat zwischen dem Wunsch, Beauftragte für schwule und lesbische Jugendliche zu sein und dennoch nicht allein zuständig für ihre Belange, ist nicht die einzige Ambivalenz, die Regine an der Schule erlebt. So findet sie es wichtig, als lesbische Lehrerin wahrgenommen zu werden, denn sie möchte, dass Schülerinnen und Schüler ein Bewusstsein dafür entwickeln, dass es eben auch diese Lebensweise gibt. Weil sie sich aber gleichzeitig wünscht, dass das selbstverständlich ist, eine schlichte Tatsache und keine Sensation, geriet sie in einen Zwiespalt, als sie vor zwei Jahren eine Anfrage vom Fernsehsender *Kinderkanal* erhielt:

Eine Journalistin will im Rahmen der Sendung *Logo* über lesbische Lehrerinnen berichten und sucht nach Gesprächspartnerinnen. Die Sendung richtet sich an Zwölfjährige, die in dem Beitrag auch zu Wort kommen sollen. Regine ist klar, dass sie die Zustimmung der Schulleitung einholen muss, wenn sie sich darauf einlassen will. Sie spricht mit der Rektorin, die ihr sagt, dass sie überdies den Segen der Mütter und Väter aus der Klasse braucht, deren Kinder die Journalistin befragen möchte. Es muss einen Elternabend geben zu diesem Thema, alle müssen einverstanden sein.

Regine ist hin- und hergerissen. »Wenn extra das Fernsehen kommt und mit den Kindern spricht, wenn extra ein Elternabend stattfinden soll und alle gefragt werden müssen, dann wird das ein irrer Hit.« Der ganze Aufwand im Vorfeld geht Regine gegen den Strich, aber weil sie den Bericht wichtig findet, sagt sie zunächst zu und trifft sich mit der Journalistin, redet mit ihr über das geplante Vorhaben.

Es wird ein desillusionierendes Gespräch. »Die war so naiv«, stöhnt Regine. »Die war keine Lesbe, und die hatte keine Ahnung, was es heißt, als Lesbe zu leben, was da an Problemen kommen kann, was es heißt, als Lehrerin an der Schule out zu sein. Das war alles so Friede, Freude, Eierkuchen.« Die Journalistin hatte zuvor schon mit ein paar Kindern gesprochen, die ihr gesagt hatten: »Ja, das finden wir toll, und das ist doch okay ...« Regine legt viel Ironie in die Antworten der Kinder, beschreibt in einem Alles-easy-Ton, auf welchem Niveau sich die Begegnung mit der ambitionierten Reporterin bewegte. »Oje«, seufzt sie und rollt mit den Augen. »Ich hatte den Eindruck, wenn ich das machen will, dann muss ich der vorher noch selbst ein Konzept schreiben.« Sie hat kein gutes Gefühl dabei und sagt die ganze Angelegenheit schließlich ab.

Als der Fernsehbericht vom Tisch ist, spürt Regine eine gewisse Erleichterung. Sie hat einen guten Kontakt zu den Eltern der Schülerinnen und Schüler, aber als die Reportage im Raum stand, hatte sie sich schon gefragt, wie die reagieren würden, wenn »das Fernsehen da eine so große Nummer draus macht.« Überhaupt bleiben die Eltern letztlich immer eine unbekannte Größe. Manchmal fragt Regine sich durchaus, was sie tun würde, wenn doch irgendwann eine Mutter oder ein Vater nicht damit zurechtkommt, dass sie lesbisch ist, und womöglich eine Schlammschlacht in Gang setzt, etwa sagt: »Die blöde Lesbe gibt meinem Kind eine Fünf.« Dann muss sie sich selbst daran erinnern, dass auch heterosexuelle Lehrerinnen und Lehrer mit unsachlichen Vorwürfen konfrontiert werden können, dass niemand in ihrem Beruf gegen überzogene Attacken gefeit ist. Wenn sie ihre Befürchtungen in diesem Zusammenhang sieht, verlieren sie auch ein wenig ihren Schrecken. »Klar gebe ich Fünfen«, sagt sie dann auch unbeschwert und lacht. »Aber nicht, weil ich lesbisch bin, sondern weil die Leistung manchmal eben nicht stimmt.«

Das Müsliglas ist schon lange leer. Wir beenden das Gespräch, und ich verabschiede mich, bin noch nicht ganz aus der Tür, als Regine sich schon wieder ihren Reagenzgläsern widmet und im Blick durch ein Mikroskop versinkt, das sie behutsam einstellt. Sie wollte schon immer Lehrerin werden, hatte sie zwischenzeitlich und ganz nebenbei erwähnt. Ich spüre, sie liebt ihren Beruf; ihre Zeit, ihr Leben ist erfüllt. Während ich unter diesem Eindruck die Schule verlasse, komme ich an einer Gruppe halbwüchsiger Jungen vorbei, erlebe, wie einer von ihnen seinen Kumpel anstößt. »Ey, du alberne Schwuchtel«, pöbelt er dabei und lacht sich kaputt. Es ist nur ein Zufall, dass ich Zeugin dieser Szene werde, aber er zeigt gerade deshalb ihre Alltäglichkeit. Für einen Augenblick wünsche ich dem Halbstarken Regine als Lehrerin, aber dann überlege ich noch einmal und wünsche mir vielmehr, dass nicht immer allein sie dafür zuständig sein muss, die »alberne Schwuchtel« in den Köpfen der Heranwachsenden in respektable schwule und lesbische Persönlichkeiten zu verwandeln.

Da unsere Antwortmöglichkeiten sich zu sehr auf männliche Erscheinungsmerkmale konzentrieren, nutzten die Probanden die Möglichkeit, eigene Vorstellungen bezüglich weiblicher Homosexualität zu äußern. Die häufigsten Antworten waren ›kurze blonde Haare‹, ›kein BH‹ und ›Aggressivität‹.

Aus einer Studie, die auf einer Befragung von Schülerinnen und Schülern am Andreas-Gymnasium in Berlin-Friedrichshain basiert[9]

Exkurs: »Können Lespen glücklich sein?« – Die Bildungseinrichtung KomBi

»Die Jugendlichen kommen zu uns«, erklärt mir Stephanie Nordt, pädagogische Mitarbeiterin bei der Berliner Bildungseinrichtung KomBi – Kommunikation und Bildung, als ich die Räume betrete. Ich sehe mich um, entdecke zwei Cowboys, die auf einem Plakat an der Eingangstür für *Brokeback Mountain*, den preisgekrönten Film über ihre komplizierte Liebe werben, und einen Aushang vom Grips-Theater, auf dem mit *Raus aus Åmål* ein Stück über die Pubertät und das Comingout zweier Mädchen in Schweden angekündigt wird. Unzählige Broschüren verschiedenster Berliner Einrichtungen für lesbische Frauen und schwule Männer bedecken mehrere Tische im Flur, der zu den Büro- und Seminarräumen führt. An einer Wandtafel hängen knittrige Zettel, auf denen in kindlicher Schrift gefragt wird: »Was ist schlimmer: lesbisch oder schwul zu sein?« »Wer ist bei Schwulen die Frau?« »Können Lespen glücklich sein?« Das ›p‹ lässt mich schmunzeln, verweist es doch auf die Unkenntnis der Besucherinnen und Besucher, auf ihre Fremdheit im Umgang mit dem Thema Homosexualität. Es wirkt niedlich, aber der Kern der Frage ist ernst. Vieles steckt darin, meint auch Thomas Kugler, der an Stephanie Nordts Seite tritt und mich begrüßt. Es geht um die weitverbreitete Ansicht, dass Frauen einen Mann brauchen, in der Sexualität ebenso wie in Bezug auf ihr gesellschaftliches Ansehen. Und es geht darum, was Diskriminierung bewirkt.

Die Kinder kommen häufig mit wenig Wissen, haben dafür umso diffusere Bilder über das Leben von Lesben und Schwulen im Kopf. So lernen sie als Gäste bei KomBi schon etwas beim Gang durch die Räume, in denen – anders als in ihren wilden Phantasien – Stühle stehen und keine Massagebank, wo ein Flipchart die Zimmerecke ausfüllt und eben kein Fernseher, auf dem Pornofilme laufen. Abseits des gewöhnlichen Schulalltags haben sie zwei Stunden lang Zeit, ihre Vorurteile zu überprüfen, ihre Fragen zu stellen und Lesben und Schwule persönlich kennenzulernen. Die ganze Veranstaltung können sie dabei frei von Leistungsdruck erleben, ohne Lehrkräfte und ohne Angst, ausgelacht zu werden. Es gibt keine dummen Fragen, lautet die erste Regel, die ihnen hier vermittelt wird, und wenn sie sehen, dass eine lesbische Pädagogin und ein schwuler Pädagoge ihrem Wissensdurst mit Offenheit begegnen, verlieren sie schnell die Scheu.

Die Einrichtung KomBi hat einen Ansatz entwickelt, der sich Lebensformenpädagogik nennt. Ziel ist die Förderung von Akzeptanz. Das Thema gleichgeschlechtliche Lebensweisen wird in den Zusammenhang der Vielfalt möglicher Lebensentwürfe gestellt – einer Vielfalt, die bereichert und den gesamten Alltag umfasst. Lesbisch oder schwul zu sein wird nicht nur im Kontext von Sexualität gesehen, sondern als Teilaspekt des Lebens, der ebenso Respekt verdient wie beispielsweise unterschiedliche soziale Herkunft, ethnische Zugehörigkeit oder religiöse Verwurzelung, wie alt zu sein, jung zu sein, eine Behinderung zu haben oder nicht. Auch Begriffe wie Trans-, Bi- und Heterosexualität werden erklärt und als gleichwertige Lebensweisen vorgestellt. Und so ist die Tätigkeit von KomBi ein Beitrag zur Menschenrechtsbildung, weil sie Verschiedenheit als Gewinn zu vermitteln sucht. Ein wichtiges Arbeitsfeld der Einrichtung ist die Erwachsenenbildung, bei der Pädagoginnen und Pädagogen zum Thema Diversität geschult werden, ein weiteres die Aufklärungsveranstaltungen mit Mädchen und Jungen ab dem 5. Schuljahr.

Die Veranstaltungen mit Schulklassen kommen in der Regel im Rahmen des Biologieunterrichts auf Initiative von Lehrerinnen zustande. »Tatsächlich meistens mit kleinem ›i‹«, meint Stephanie Nordt. Die Erfahrung zeigt, dass männliche Lehrer größere Berührungsängste haben, wenn es um Homosexualität geht. Wie schon in den Interviews erfahre ich auch hier wieder, dass schwul zu sein bei allen Beteiligten mehr Schrecken auslöst, als lesbisch zu sein. Das sei keine Nettigkeit gegenüber den Lesben, versichert mir Thomas Kugler, es habe lediglich mit tradierten Rollenerwartungen zu tun. Während bei Frauen die Allgemeinheit oft mit Ignoranz reagiere, würden Schwule als Grenzverletzer wahrgenommen, die aus dem klassischen Männerbild herausfallen. Und: Männliche Sexualität gilt als aktiv und präsent, weibliche hingegen wird nach wie vor nicht ernst genommen und allein deshalb nicht sanktioniert. Dieses Muster bestätigen auch die Fragen der Kinder, die sich darum sorgen, wo bei schwulem Analverkehr der Samen hingeht, während sie sich lesbische Sexualität oft gar nicht vorstellen können, weil es keinen Penis gibt. »Die Mädchen und Jungen wissen nicht, dass Sexualität mehr ist als Steckkontakte«, sagt Stephanie Nordt. Und so geht es bei KomBi auch darum, den Jugendlichen zu vermitteln, dass zwei Menschen sich und ihre Wünsche im sexuellen Kontakt erst kennenlernen müssen, dass sie ausprobieren müssen, was sie mögen und was nicht, dass sie das Recht haben zu sagen, wenn sie etwas nicht wollen. Viele Kinder, besonders Mädchen, werden auffällig still, wenn das Gespräch darauf kommt, dass sie in der Sexualität eigene Bedürfnisse äußern und fremde zurückweisen dürfen.

Das Team von KomBi will das gesellschaftlich verbreitete Negativbild über gleichgeschlechtlich liebende und lebende Menschen korrigieren. Thomas Kugler nennt es »konstruktive Verwirrung«: Am Beginn der Veranstaltung nach ihren Assoziationen gefragt, schreiben die Jugendlichen ›tuffig‹ und ›Poposex‹ neben ›schwul‹, notieren ›Emanze‹ und ›Männerhasser‹ neben ›Lesbe‹. Dann erfahren sie etwas über das Leben und den Alltag der konkreten Lesben und Schwulen, die ihnen hier begegnen, und die stereotypen Vorstellungen in ihren Köpfen geraten ins Wanken, fallen manchmal auch schnell in sich zusammen. Selbst Kinder, die Lesben und Schwule in ihrem privaten Umfeld erleben, haben oft nicht die Möglichkeit, ihnen direkt Fragen zu stellen oder sie trauen es sich nicht. Manche von ihnen kennen nur eine Lesbe oder einen Schwulen, und so besteht die Gefahr, dass diese Person quasi zum Prototyp stilisiert wird. Es erfordert viel Überzeugungsarbeit, verständlich zu machen, wie unterschiedlich die Lebensentwürfe dieser Frauen und Männer sind. Oftmals ist das Bild der jungen Leute von Lesben und Schwulen identisch mit den Eindrücken, die sie vom Christopher Street Day mitnehmen. »Stellt euch mal vor, es kommt irgendwann ein Außerirdischer zum Kölner Karneval«, sagt Thomas Kugler ihnen dann, »welchen Eindruck kriegt der wohl von den Menschen?«

Die meisten Schülerinnen und Schüler sehen dem Besuch bei KomBi im Vorfeld mit gemischten Gefühlen entgegen. Sie bringen Abwehr und Neugier mit und gehen nach zwei Stunden wieder fort mit positiven Eindrücken und dem Bedauern, dass die Zeit so knapp war; einige tragen die angesprochenen Themen in die folgenden Schulstunden hinein. Aber es gibt eben auch diejenigen, für die der Tag in den lesbisch-schwulen Räumen besonders brisant ist. Rein statistisch gesehen gibt es in jeder Klasse lesbische Mädchen und schwule Jungen. Viele von ihnen sind sich heutzutage schon im Alter von 12 bis 15 Jahren bewusst, dass sie Menschen desselben Geschlechts lieben und begehren. Und auch die Existenz der *L-World* oder des netten schwulen Pärchens in der *Lindenstraße* kann nicht darüber hinwegtäuschen, dass ein Coming-out noch immer ein mühsamer Prozess ist. Durchschnittlich dauert es 32 Monate, bis lesbische und schwule Jugendliche es schaffen, ihre Homosexualität anzunehmen und anderen davon zu erzählen. In einem ohnehin sehr sensiblen Alter leben sie also 970 Tage und Nächte, in denen sie schweigen, statt zu schwärmen und einer Befragung zufolge statt Euphorie und Schmetterlinge im Bauch vor allem Verwirrung und Panik verspüren, wenn sie sich verlieben. Es ist eine viel zu lange Zeit; die Suizidrate unter homosexuellen Jugendlichen ist im Vergleich zu ihren heterosexuellen Altersgenossen prozentual viermal höher.

Stephanie Nordt und Thomas Kugler wissen genau, dass in ihren Runden immer auch Mädchen und Jungen sitzen, die ihren besonderen Schutz brauchen, weil das Thema für sie

»superheiß« ist. Ihre langjährige Erfahrung und ihre Intuition lassen sie vermuten, wer in der Gruppe besonders genau zuhört, aber lieber nicht direkt angesprochen werden will; wer Ruhe braucht, die geballten Informationen aufzunehmen; wer vielleicht am Ende einen Moment trödeln wird, um heimlich ein paar Broschüren einzustecken, wenn der Rest der Klasse schon im Treppenhaus verschwunden ist. Einmal hat ein junger Mann viele Jahre nach seinem Coming-out einem KomBi-Mitarbeiter erzählt, wie es ihm an dem Tag ging, als er mit seiner Klasse in der Einrichtung war: Furchtbar übel sei ihm gewesen, totalen Schiss habe er gehabt und immer geglaubt, von allen angestarrt zu werden. Und dennoch: Im Nachhinein habe er es großartig gefunden, dass es diese Veranstaltung gab.

Natürlich fand der ehemalige Schüler es trotzdem auch toll. Zwei Stunden lang ging es um ihn, zwei Stunden lang hatte er Pause von seinem stillschweigend heterosexuell dominierten Schulalltag, in dem in der Mathematikstunde die althergebrachte Hausfrau vom Einkommen des Ehemannes Äpfel und Birnen kauft oder im Deutschunterricht die neuen und die alten Leiden des jungen Werther wieder und wieder durchgekaut werden. Das Bewusstsein, dass es Lesben und Schwule überall gibt, gehört nicht nur in den Biologieunterricht, meint denn auch Thomas Kugler, aber bis in die anderen Fächer dringt es bislang nur selten durch. Dabei müsste es nicht so sein, dabei genügte ein kleines bisschen Kreativität beim Formulieren einer Textaufgabe, um der nächsten Generation eine buntere Welt zu eröffnen: Ein Pärchen geht in ein großes schwedisches Möbelhaus, um sich neu einzurichten. Die beiden Frauen kaufen einen Schreibtisch aus antikgebeiztem Kiefernholz und eine Bodenvase ...

Eine lesbische Sportlehrerin oder ein freundlicher Nachbar (Bonbons stets in der Hosentasche!) waren die heterosexuellen Klischees der fünfziger Jahre über Lesben und Schwule, die angeblich nur eines im Sinn hatten: Kinder zu verführen. Diese gesellschaftlichen Vorstellungen sitzen so tief, dass wir sie selbst ein Stück weit internalisiert haben.

Aus den Ergebnissen einer Befragung unter
Lesben und Schwulen in Nordrhein-Westfalen[10]

Jetzt die Karten auf den Tisch!

Nicole Zülke, 28 Jahre, Katja Hoffmann, 33 Jahre,
Anne Borowski, 26 Jahre

Die Interviews mit lesbischen Lehrerinnen verdeutlichen, dass die Bedenken bezüglich der Stellung und des Ansehens an der Schule in aller Regel am Beginn des Arbeitslebens oder kurz nach dem Coming-out am größten sind. Bestimmender als der Fundus eigener Erfahrungen ist in dieser Zeit das Spektrum der Befürchtungen und Spekulationen über die Akzeptanz von Seiten der Schulleitung und des Kollegiums, der Kinder und Eltern. Die ganze Bandbreite der Gedanken, Hoffnungen und Ängste bringen die Gespräche zum Ausdruck, die ich mit drei jungen Frauen führte, die ihren Platz und ihre Haltung zum Out-Sein an der Schule noch finden müssen, die gerade dabei sind, ihre Erwartungen zu überprüfen und sich zu positionieren: Nicole hat unlängst ihre erste feste Stelle angetreten, Katja ist schon seit einigen Jahren im Schuldienst, entdeckte aber erst vor kurzem ihre Liebe zu Frauen, und Anne steht noch vor dem Referendariat. Sie alle verbindet der Wunsch, sich im Alltag mit ihrem Lesbischsein nicht verstecken zu wollen; sie alle teilen die Hoffnung, dass es stimmt, was viele Angehörige ihrer Generation immer behaupten: dass es heute kein Problem mehr ist, als Lesbe oder Schwuler offen zu leben. Sie stehen dieser These sensibel gegenüber, finden Hinweise, die sie stützen, aber auch Zeichen, die ihr entgegenstehen. Und so ist es vor allem Ambivalenz, die ihre Schilderungen kennzeichnet. Sie gehen in die Schule mit Ängsten im Gepäck, die belastend sind und doch nicht unüberwindbar scheinen, mit Humor und einer guten Portion Selbstvertrauen, das sie vor allem aus dem Bewusstsein ziehen, im Zweifelsfalle mit ihrer Situation heute nicht allein dazustehen.

Nicole lebt und arbeitet in Celle. Sie unterrichtet Biologie und Sport, das Gymnasium, an dem sie das Referendariat absolvierte, hat sie im vergangenen Sommer als fertig ausgebildete Lehrerin übernommen. Ein Regenbogenaufkleber schmückt die Kofferraumklappe des weißen Renault Twingo vor ihrer Haustür und weist mir den Weg. Der Termin mit Nicole hat sich sehr kurzfristig ergeben. Sie hat sich spontan zu dem Gespräch bereiterklärt und macht auf mich einen sehr interessierten Eindruck. Gleichzeitig wirkt sie aber auch erkennbar aufgeregt. Sie wird rot im Gesicht, als wir das Interview beginnen, sie schiebt die Ärmel ihres Wollpullovers bis zu den Ellenbogen hoch, nach wenigen Fragen schon zieht sie ihn ganz aus und sitzt mir fortan im T-Shirt gegenüber, ein Anblick, der mich frösteln lässt, denn das Zimmer, in dem wir an diesem kalten Wintertag sitzen, ist nur mäßig geheizt. Nicoles aufgeschlossene Haltung ändert sich nicht, und so bin ich sicher, dass es nicht das Thema unseres Gespräches ist, das sie so in Wallung versetzt, sondern lediglich die plötzlich auf ihr liegende geballte Aufmerksamkeit, der Gedanke an die persönlichen Fragen, die ich ihr stellen werde.

Bei ihrem Coming-out war Nicole 23 Jahre alt. »Im Nachhinein betrachtet, hätte mir das alles viel früher klar sein können, denke ich heute manchmal«, sagt sie, als sie nun auf ihre Jugend zu sprechen kommt. Es sind auch, vielleicht ganz besonders, die Erinnerungen an die Jahre ihrer Pubertät, die ihre Einstellungen heute und ihre Vorsätze als Lehrerin prägen.

Nicole nimmt in ihrer Schulzeit in Wolfsburg keine Lesben oder Schwulen im Lehrerkollegium wahr. Zwar gibt es Gerüchte über einen Lehrer, der angeblich homosexuell sein soll, aber er geht mit seinem Schwulsein – so es denn stimmt – nicht offen um. So kann er Nicole nicht als Vorbild dienen. Auch im Unterricht ist Homosexualität nie ein Thema. Nicole hat in der Oberstufe eine beste Freundin, mit der sie ein Herz und eine Seele ist. Beide Mädchen schwärmen für dieselbe Lehrerin und sind vermutlich sogar ineinander verliebt. »Ich war es ganz sicher«, sagt Nicole, »und sie ist heute auch lesbisch. Ich denke, dass sie es wohl auch war.« Über die enge Freundschaft hinaus finden die zwei aber nicht zueinander. Nicole beginnt stattdessen eine Beziehung mit einem Jungen, hat dabei aber immer das Gefühl, dass etwas nicht stimmt und alles irgendwie nicht passt. Den drängenden Freund, in den sie nicht wirklich verliebt ist, hält sie mit gespielter Keuschheit auf Distanz. »Vor der Ehe kein Sex«, sagt sie ihm, und er trennt sich daraufhin von ihr. Das Abitur rückt näher, sie besteht die Prüfungen genauso wie die beste Freundin, die anschließend zum Studium ins Ausland geht. Nicole heult Rotz und Wasser, dann geht sie nach Berlin, um sich dort an der Freien Universität für das Studium einzuschreiben.

Sie wollte schon immer Lehrerin werden. Als Ausgleich zum Lernen spielt sie Fußball und verliebt sich in die Mittelstürmerin ihres Vereins. Die Dame mit dem Torinstinkt ist eine Lesbe, die zwar Nicoles Liebe nicht erwidert, aber ihre Gefühle ernst nimmt und für sie zur wichtigen Gesprächspartnerin wird. Jetzt begreift Nicole, was früher nicht gestimmt hat, beginnt ihr bisheriges Leben und die früheren Beziehungen neu zu betrachten, die Tränen um die beste Freundin anders einzuordnen und auch den Wunsch zu verstehen, ihren Exfreund auf Abstand zu halten. Inzwischen rückt das erste Staatsexamen näher. Nicole besteht die Prüfungen, findet aber danach nicht gleich einen Platz für das Referendariat. So jobbt sie ein Jahr lang in einer Touristenkneipe am Potsdamer Platz und nutzt die Zeit, um ihre Gefühle zu sortieren, mit Freundinnen zu sprechen und auf Partys zu gehen. Und sie hat erste Affären mit Frauen. Ihre Eltern fragen sie wiederholt, ob sie jemanden kennengelernt habe. »Da war ich mir schon sicher, dass es keinen Mann mehr geben würde und dachte mir: ›Jetzt die Karten auf den Tisch!‹« Nicoles Eltern akzeptieren zaghaft, was ihre Tochter ihnen mitteilt. Der Vater genießt es mit der Zeit, mit ihr über Frauen zu reden, gibt gleichzeitig die Hoffnung auf den seiner Meinung nach vielleicht doch noch auftauchenden Schwiegersohn nicht auf. Aber Nicole schmunzelt ein wenig darüber und nimmt es gelassen. Sie sagt: »Er wirft mir keine Knüppel zwischen die Beine oder ist irgendwie verletzend.«

Nach einem Jahr als Kellnerin im Zentrum Berlins bekommt Nicole einen Platz für das Referendariat und geht zurück nach Niedersachsen. Die Ausbildung führt sie an das Gymnasium in Celle, an dem sie noch heute unterrichtet. An ihrem Ausbildungsseminar sind von 25 Neulingen vier lesbisch und zwei schwul. Untereinander wissen die sechs unerfahrenen Lehrerinnen und Lehrer von ihrer Liebe zum eigenen Geschlecht. Sie alle müssen ihre ganz persönliche Haltung zu der Frage finden, wie sie für die Zeit des Referendariats an der Schule mit ihrer Homosexualität umgehen wollen. Die Entscheidungen, zu denen sie dabei kommen, spiegeln die ganze Bandbreite möglichen Verhaltens. Am einen Ende steht der schwule Lehrer, der offen von seinem Lebenspartner spricht und gemeinsam mit ihm ein Kind adoptieren möchte; am anderen die Referendarin im Fach Religion, die so große Angst hat, dass ihr Lesbischsein bekannt wird, dass sie ihre Freundin nur heimlich trifft und eine Verleumdungsklage gegen einen Lehrer auf den Weg bringt, von dem sie sich versehentlich geoutet sieht. »Der hat gar nichts gemacht, und zum Glück konnte das dann noch abgebogen werden, aber es war schon hart. Die war wegen der Kirche aufs Schärfste darauf bedacht, dass überhaupt gar niemand irgendwas wusste von ihr und ihrer Freundin. Da war dermaßen Panik in ihr drin, die einfach nur erschreckend war«, erzählt Nicole.

Sie selbst will sich nicht verstecken. Ganz allgemein ist sie immer für Klarheit, und auch ihre eigenen Erfahrungen als unglückliche vorbildlose Schülerin wecken in ihr den Wunsch, mit ihrem Lesbischsein nach außen offen umzugehen. Zunächst aber kommt es anders. Eine junge Kollegin, die in der Ausbildung ein Jahr weiter ist als Nicole, rät ihr zur Vorsicht.

Sie sagt im Hinblick auf die Ausbilder: »Da musst du ganz gewaltig aufpassen, dass die das nicht mitkriegen.« Nicole befolgt den Rat und nimmt sich zunächst zurück, ein für sie schwieriges Unterfangen, als sie sich verliebt und eine Beziehung beginnt. Hin- und hergerissen zwischen Wollen und Nicht-Dürfen erzählt sie zwar nicht, dass sie lesbisch ist, geht aber mit ihrer Freundin Hand in Hand durch Celle. »Und das ist eben doch eine Kleinstadt«, sagt sie und lacht. »Da geht das nicht mit der Geheimhaltung.«

Das Gefühl, in einem Zwiespalt zu stecken, verstärkt sich für Nicole, als eine Schülerin für sie zu schwärmen beginnt. Nicole merkt, wie das Mädchen sie im Unterricht ansieht, und es dauert auch nicht lange, bis Nicole einen Liebesbrief von ihr bekommt. »Persönlich hat sie mir den gebracht, ausgerechnet zum Ausbildungsseminar, wo das keiner wissen sollte.« Wieder hat die junge Lehrerin zwei Seelen in ihrer Brust. Da ist die Angst, dass der Vorfall die Runde macht; und da ist das Wissen, dass für lesbische Jugendliche in Celle nichts los ist. Sie will das Mädchen nicht im Regen stehen lassen, sich aber auch nicht outen. Am Ende setzt sie sich mit der Verehrerin zusammen. Nicole streitet ihr gegenüber zunächst ab, selbst lesbisch zu sein, aber sie gibt dem Mädchen Adressen mit auf den Weg. »Ich war so hilfsbereit, wie ich eben sein konnte.«

Trotz aller Bedenken in Bezug auf die Ausbilder bleibt Nicole ihrem Vorsatz treu, für lesbische und schwule Jugendliche ansprechbar zu sein. Auch nimmt sie sich vor, Homosexualität im Rahmen des Aufklärungsunterrichts zu thematisieren. Ihre engagierte Haltung bleibt an der Schule ebenso wenig verborgen wie das Händchenhalten mit der

Freundin beim Einkaufsbummel. Nicole sagt nicht, dass sie lesbisch ist, aber es spricht sich schließlich doch herum. Die Gerüchte werden ihr im Schulalltag nicht zum Nachteil. Sowohl im Kollegium als auch in den Klassen hat sie deshalb keine Probleme; am Ausbildungsseminar hingegen bekommt sie tatsächlich Schwierigkeiten. Nachdem sie in Sport immer zwischen den Noten eins und zwei gestanden hatte, rutscht sie auf einmal ab auf eine Vier, obwohl ihre Leistungen sich nicht ändern. Der Ausbilder des Faches, ein unbekümmerter Typ, der stets locker mit ihr umgegangen ist, spricht von einem Tag auf den anderen nicht mehr mit ihr. »Das war schon übel«, sagt Nicole und schüttelt lächelnd den Kopf, lässt dabei nicht wirklich erkennen, wie belastend diese Situation für sie gewesen sein muss.

Doch genauso plötzlich, wie die Zensur fällt, steigt sie auch wieder. Eine Eins ist nicht mehr zu bekommen, aber schließlich wird Nicole in Sport mit einer Zwei benotet, weil ihr anderer Ausbilder – derjenige, von dem sie zuvor angenommen hatte, dass er mit ihrem Lesbischsein vielleicht nicht würde umgehen können – sich für sie einsetzt. Wenig später macht ihre ehemalige Verehrerin das Abitur. Das Mädchen ist selbstbewusster geworden und umtriebig obendrein. Die Adressen, die Nicole ihr einst gegeben hatte, wusste sie zu nutzen, um aktiv zu werden. »Sie hat mit anderen zusammen eine Gruppe gegründet, und so gibt es jetzt in Celle einen lesbischen Stammtisch«, freut sich Nicole.

Mittlerweile hat sie das Referendariat beendet und ist im ersten Jahr Klassenlehrerin einer fünften Klasse. Manchmal sagen die Kinder, sie sehe aus wie ein Mann. »Kurze Haare sind halt praktisch«, antwortet sie dann und fährt sich über die rotblonden Stoppeln, die nach der Sportstunde so schnell trocknen. Sie vertritt die Haltung, offen leben zu wollen, »ohne dass ich ein Schild vor mir hertrage.« Ich spreche sie in diesem Zusammenhang auf den Regenbogenaufkleber an ihrem Auto an. Sie lacht und sagt: »Ja, das schon, aber offensiv gehe ich nicht vor.«

Das Unterrichten macht Nicole Spaß, aber sie denkt auch weiter. Als eine, die gut organisieren kann, liebäugelt sie mit dem Gedanken an eine Karriere in der Schulleitung. Bescheiden, wie sie ist, sagt sie das sehr leise, und dennoch klingt es überzeugend. Ihr ist bewusst, dass sie immer mehr im Fokus stehen würde, je höher sie auf der Karriereleiter klettert, und hofft, dass ihr Lesbischsein sich nicht nachteilig auf die Verwirklichung ihrer Pläne auswirkt. Heimlichkeiten mag sie grundsätzlich nicht, und als Lehrerin nicht authentisch zu sein kann ihrer Ansicht nach nicht lange gutgehen. Bezüglich des Kollegiums, das sie wegen seines offenen Klimas schätzt, macht sie sich keine Sorgen. Und sie findet es nach wie vor wichtig, dass die Kinder eine Anlaufstelle haben, besonders wenn sie an ihre Erfahrungen mit dem Mädchen aus dem Referendariat denkt. Sie möchte den Schülerinnen und Schülern gern die Möglichkeit geben zu sehen, »dass es auch diese Lebensform gibt.« Sie hofft, lesbischen und schwulen Jugendlichen ein bisschen helfen zu können, aber sie befürchtet auch, dass das zu den Eltern getragen und dass dann von dieser Seite Druck auf sie ausgeübt wird. Diffuse Ängste schwingen noch immer mit. Nicole kann sie nicht genau fassen, nur im Hinblick auf die Tatsache, dass sie Sport unterrichtet, werden sie sehr konkret. »Das ist natürlich schon eine heikle Sache, da sind Hilfestellungen und alles, da kann es schon passieren, dass man irgendwelchen Gerüchten ausgesetzt wird, dass man irgendwie in einen schlechten Ruf gerät.« Besonders mulmig wird ihr zumute, wenn sie daran denkt, dass sie auch Schwimmen unterrichtet. In der Schwimmhalle gibt es keine gesonderten Umkleidekabinen für die Mädchen und für die Lehrerin, und so dachte sie vor allem in der Zeit des Referendariats manches Mal: »O Gott, die Gerüchte gehen rum, und du musst dich hier mit denen umziehen.« Sie war besorgt und ist es noch immer, findet den Zustand ein bisschen prekär. Schlechte Erfahrungen hat sie in dieser Angelegenheit noch nicht gemacht, aber »das Gefühl bleibt trotzdem im Hinterkopf, und du denkst, das wäre dein Todesstoß – bevor du richtig angefangen hast, war es das schon.«

Ähnliche Sorgen hat auch Katja. Sie ist 33 Jahre alt und unterrichtet seit 2001 Sport, Biologie und Werken an einer Gesamtschule in Gießen. Als lesbisch, vielleicht eher als bisexuell versteht sie sich aber erst seit knapp einem Jahr. Bis dahin lebte sie mit einem Mann in einer festen Beziehung und einer 160 Quadratmeter großen Wohnung, die sie nun gegen ein winziges Dachgeschosszimmer im Hause eines Freundes eingetauscht hat. Umzugskartons stehen gestapelt in den Ecken des Raumes, Bilder zieren nur spärlich die Wände. Unfertig wirkt alles und neu. Bis vor wenigen Monaten noch hat sich Katja keine Gedanken darüber gemacht, wie die Schülerinnen es verstehen würden, wenn sie nach dem Sport die Turnhalle durch deren Umkleideraum verließ. Nun aber befürchtet sie, dass es da irgendwann Probleme geben könnte. »Ich bin ja bei denen jetzt auf dem gleichen Stand wie sonst die

Männer. Und wenn die Mädchen anfangen zu pubertieren, interpretieren sie in alles etwas rein und erzählen es den Eltern. Da kann man schon mal angeklagt werden.« Auch über Körperkontakt denkt Katja heute stärker nach als früher. In ihrer eigenen Klasse, in der ihr die Kinder vertraut sind, komme es schon hin und wieder vor, dass sie jemandem die Hand auf die Schulter legt und fragt: »Na, hast du das jetzt verstanden?« Solange sie heterosexuell lebte, hatte sie keine Bedenken, beispielsweise einen Jungen beiläufig zu berühren. Nun überlegt sie sich solche eigentlich spontanen Gesten genau, denkt immer daran, dass ein Mädchen erschrecken könnte: »Oh, die hat mir auf die Schulter gefasst – was will die von mir?« Katja glaubt, dass Menschen, die sich noch nie mit Homosexualität befasst haben, darin immer nur das Sexuelle sehen und denken, dass »Lesben alles anbaggern, was weiblich ist.« Erfahrungen dieser Art hat sie persönlich allerdings noch nicht gemacht, denn im Grunde steckt sie noch mitten im Coming-out. Früher hatte sie nicht die Spur einer Ahnung von ihrem Interesse am eigenen Geschlecht. Jetzt aber liegt ihr Handy auf dem Tisch, und sein Display zeigt ein Bild von Katja, auf dem sie eine andere Frau in den Armen hält.

Viel ist geschehen in kurzer Zeit. Katja trifft eines Abends ihre beste Freundin zum gemütlichen Plausch. Es zeigt sich, dass sie beide nicht ganz zufrieden in ihren Beziehungen sind, und so flachsen sie ein wenig herum. »Vielleicht sollten wir mal mit einer Frau was anfangen«, scherzt die Freundin leichthin, vergisst die im Spaß hervorgebrachte Möglichkeit so schnell, wie sie ihr über die Lippen kommt. Anders Katja. Bei ihr bleibt der Gedanke hängen, kommt ihr immer wieder in den

Sinn und gewinnt an Bedeutung. Sie beginnt, sich konkreter damit zu befassen, ganz rational zunächst und aus der Distanz. Über das Internet recherchiert sie, wo sie in der Nähe Lesben und Schwule treffen kann, fährt auch zum CSD nach Frankfurt und nach Köln. »Ich wollte herausfinden, ob ich mich da wohlfühle, ob das was für mich ist.« Noch ist sie mit ihrem Freund zusammen, geht aber immer öfter auf lesbisch-schwule Partys. Sie unterhält sich mit den Gästen über die Szene, und die Rückmeldungen, die sie bekommt, sind vielfältig und widersprüchlich. »Die einen haben gemeint, da sei viel Fremdgehen angesagt; andere waren der Ansicht, dass es auch nicht anders als bei den Heteros ist.« Katja muss sich letztlich ihr eigenes Bild machen. Ihre Eindrücke will sie zunächst ganz allein für sich verarbeiten. »Das ist schwierig«, sagt sie. »Frauen wollen ja immer so viel reden.« Wie schon mit der Recherche, nutzt sie auch in dieser Situation die modernen Möglichkeiten der Technik und tauscht sich im weltweiten Netz mit einer Fremden aus. Auf den Partys, die sie besucht, so oft sie kann, hält sie Ausschau nach einer Kandidatin, die ihre Freundin werden könnte. Ihre Suche bringt sie in Kontakt mit anderen Neulingen unter dem Regenbogen; die Begegnungen mit ihnen sind auf beiden Seiten vor allem von dem Wunsch geprägt, sich sexuell auszuprobieren, und nur von kurzer Dauer. Dann aber lernt sie eine S-Bahn-Fahrerin aus Frankfurt kennen und verliebt sich in sie. Die Sache wird ernst, und nun teilt Katja sich auch mit. »Ich habe viel über mich nachgedacht in dieser Zeit und dann auch mit anderen gesprochen.« Sie trennt sich von ihrem Freund und zieht aus, erzählt ihrem Bruder von den Veränderungen in ihrem Leben. Dieser wundert sich kaum, kannte er seine burschikose Schwester in ihrer gemeinsamen Kindheit doch schon als heldenhaften Superman, als eine, die lieber ein Junge sein wollte und nur Hosen trug, heute Motorrad fährt und mit allen Arten von Kampfsport vertraut ist. Ein bisschen nach Klischee hört die Aufzählung sich an, nimmt vielleicht nur ins Bild, was passen will zur Vorstellung einer klassischen Butch. Katjas Bruder jedenfalls ist kaum überrascht; anders die Mutter, die »eine Krise kriegt« und sich nach erfolglosen Bekehrungsversuchen erst einmal zurückzieht. Katjas letzter Kontakt mit ihr liegt zwei Monate zurück, seitdem hat sich keine der beiden Frauen bei der anderen gemeldet. Recht gelassen und ein klein wenig trotzig sagt die junge Lehrerin über ihre Mutter: »Sie braucht jetzt eine Auszeit. Mal sehen, wann sie wieder auftaucht.«

Mit der beginnenden Beziehung stellt sich für Katja die Frage, wie sie nach außen mit ihrem Lesbischsein umgehen will, in der Schule und in Gießen, einer mittelgroßen Stadt, in deren Straßen sie überall von Bekannten gesehen werden kann. Sie ist Teil eines 90-köpfigen Kollegiums, eine große Runde, in der die Beziehungen untereinander vielfältig sind. Katja weiß von einer anderen Lehrerin an ihrer Schule, die offen lesbisch und über 50 Jahre alt ist. Als Katja sie eines Tages »auf so einer Party« trifft, bekommt sie zunächst einen Schreck. Es geschieht in der ersten Phase ihrer Suche nach Orientierung in der lesbischen Szene, und unsicher über die eigenen Gefühle, will sie noch nicht, dass jemand etwas davon mitbekommt. »O nein, jetzt geht es los«, denkt sie dann auch, als die Kollegin sie begrüßt und wissen will, »ob ich denn auch dieser Richtung angehöre.« Katja hält sich bedeckt, antwortet, sie sei nur mit Freunden und zum Tanzen dort. Kurz darauf wird sie auf einer anderen Veranstaltung von einer Schülerin gesehen. Katja kennt die Jugendliche nicht, aber das Mädchen kommt auf sie zu, fragt, ob sie nicht an ihrer Gesamtschule Lehrerin sei. Wieder ist »o nein!« Katjas erster Gedanke. Aus der Erinnerung an die eigene Schulzeit weiß sie, dass es immer ein Highlight war, über Lehrerinnen und Lehrer etwas zu wissen, und so vermutet sie, das Mädchen könne es in der Schule erzählen.

Katja ist verunsichert, ohne sich in ihrem Verhalten einschränken zu lassen. »Ich weiß nicht, wie es wäre, wenn es die Runde machen würde, dass ich mit einer Frau zusammen bin«, grübelt sie. »Irgendwann habe ich gesagt, ich würde mit meiner Freundin nicht Arm in Arm durch Gießen laufen, und dann habe ich es doch getan.« Grundsätzlich glaubt sie, dass Offenheit die beste Verteidigung gegen Getuschel und Spekulationen ist. Sie kommt aus einer Kleinstadt, hat dort als Mädchen erlebt, wie eine Transsexuelle in der ganzen Gegend zum Gesprächsthema wurde, zum Objekt für Klatsch und Tratsch. Sie war Floristin, betrieb einen gutgehenden Blumenladen und wollte in dem Ort leben, also schrieb sie einen Artikel in der Lokalzeitung über sich selbst und lud die ganze Nachbarschaft zu einem Fest ein. Danach wurde nicht mehr viel geredet.

Die Erinnerung daran verleiht auch Katja Zuversicht. Sie vertraut sich ihrer lesbischen Kollegin an, die es ohnehin schon begriffen hatte. Auch mit Freundinnen und Bekannten tauscht sie sich nun aus, diskutiert mit ihnen, wie es ist, sich als Lehrerin zu outen. Die Meinungen, die sie in solchen Gesprächen hört, spiegeln ihre eigenen Überlegungen. Während einige ihr vermitteln, dass sie eine gewisse Zurückhaltung für ratsam halten, glauben andere, dass lesbisch oder schwul zu sein in der Generation der Jugendlichen heute keine besondere Aufregung mehr auslöst. Katja selbst hat sogar manchmal den Eindruck, dass es ›in‹ ist: »Ich habe schon oft Mädels gesehen, die knutschenderweise irgendwo rumstehen; Jungs allerdings weniger.« Entgegen der häufig gemachten Beobachtung, dass es vor allem die Pubertierenden sind, die sich selbst und andere unter extremen Normdruck setzen, glaubt Katja, dass Jugendliche, die schon das Gefühl kennen, verliebt zu sein, verständiger und auch akzeptierender reagieren als Schülerinnen und Schüler in den unteren Klassen. Katja wird es herausfinden, wird Gelegenheit bekommen, ihre Annahmen zu überprüfen. Sie lebt mit offenen Fragen, auch mit Befürchtungen, aber nicht mehr mit einem Tabu. Es fällt auf, wie wichtig es ihr ist, jederzeit und auf ganz verschiedene Weise die Möglichkeit des Austausches zu haben, die sie auch umfassend nutzt: im Internet, wenn sie Anonymität braucht; mit Freundinnen, wenn sie Klarheit gewonnen hat und sich mitteilen möchte; mit erfahrenen Kolleginnen, wenn sie Schwierigkeiten auf sich zukommen sieht. Im Gespräch mit ihr wird fühlbar, wie viel Sicherheit sie aus der Überzeugung gewinnt, nicht allein zu stehen – eine Sicherheit, die sie im Kontakt mit den Schülerinnen und Schülern stärkt. Katjas Umgang mit ihnen hat sich geändert, seit sie ihr Interesse an Frauen entdeckt hat. Heute reagiert sie konsequent, wenn sie dumme Sprüche über Schwule hört. Sie merkt, dass sie mehr darauf achtet, seit sie das Thema selbst betrifft. Früher hat sie schon hin und wieder darüber hinweggesehen, aber jetzt betrachtet sie es noch mehr als Beleidigung. »Dann mache ich denen klar, dass die damit Schwule verletzen und dass das ganz normale Leute sind.« Im Biologieunterricht erklärt sie Begriffe wie ›transsexuell‹, ›Transvestit‹ und ›bisexuell‹ im Rahmen der Sexualkunde, auch über Homosexualität spricht sie in ihren Klassen. Sie geht das Thema mündlich durch, weil sie keine Arbeitsblätter dazu zur Verfügung hat. Es ist ihr wichtig geworden, dass ihre Schützlinge lernen, diese Begriffe zu unterscheiden. Am Anfang stößt sie dabei in der Regel auf Zurückhaltung und verschämtes Gekicher. »Sexualkunde ist wohl das einzige Thema in Biologie, wo die mehr hören als sagen«, meint sie. »Da braucht man viel Geduld.« Gleichzeitig macht sie aber immer wieder die Erfahrung, dass einige in der Klasse – besonders Jungen – ein sehr fundiertes Wissen haben, sich andauernd melden und alles beantworten können. Nachdenklich schürzt sie die Lippen und verleiht ihren Worten einen bedeutungsvollen Unterton, als sie sagt: »Keine Ahnung, woher die das wissen. Die müssen irgendwelche Infoquellen haben.«

Auch Katja ist immer gut informiert. Sie lebt förmlich das Zeitalter der Kommunikation. Mit Recherchen hat ihr Weg in die lesbische oder bisexuelle Identität begonnen. Sie weiß, wie wichtig es sein kann, einen Überblick über die eigenen Möglichkeiten zu gewinnen. So wird sie bereit sein zu helfen, wenn ratsuchende lesbische Mädchen sich ihr anvertrauen. Und wenn sich eine Schülerin in sie verliebt? »Dann würde ich mich mit einer bestimmten Kollegin besprechen, die ich für sehr kompetent halte«, antwortet sie, ohne zu zögern.

Dann piept das Handy kurz und zappelt auf dem Tisch herum. Katja schenkt ihm einen flüchtigen Blick. Eine Kurzmitteilung ist eingetroffen. Sie wird sie später lesen.

Anne liest etwas anderes. *Weil ich ein Alien bin*, heißt das Buch, das aufgeschlagen auf dem Sofa liegt, als sie mich in ihr großes WG-Zimmer führt. Um Psychotherapie mit Kindern gehe es darin, erzählt die junge Frau mit dem bauchnabelfreien T-Shirt, aber mehr könne sie noch nicht sagen, sie habe erst wenige Seiten gelesen. Ganz am Anfang steht sie nicht nur mit der Lektüre, sondern auch mit ihrem beruflichen Werdegang. Sie ist 26 Jahre alt, hat gerade das erste Staatsexamen in Göttingen bestanden und wartet nun darauf, wohin das Referendariat sie führen wird. Vielleicht bleibt sie in der Universitätsstadt, beworben hat sie sich allerdings auch in eine ganz andere Region Niedersachsens: An die Nordsee zieht es sie, nach Ostfriesland würde sie gerne gehen. Es sind emotionale Gründe, auf denen dieser Wunsch basiert, es ist die Aussicht auf lange Spaziergänge am Meer und auf Weihnachten vor dem knisternden Kamin, während vor der Haustür die Winterstürme über das flache Land fegen. In zwei Wochen wird sie erfahren, in welcher Gegend das erste Jahr beruflicher Praxis für sie beginnen wird. Und wenn es dann die Nordsee werden sollte, eine Schule in einem vielleicht kleinen Ort mit einem vielleicht konservativen Kollegium? »Dann werde ich da wohl ein paar Gespräche führen müssen.«

Anne liebt die Schule schon als Mädchen. Jedes Mal, wenn am letzten Tag vor den Ferien alle anderen jubelnd aus dem Klassenzimmer stürmen, geht sie betrübt nach Hause, stellt ihren Ranzen in die Ecke und beginnt zu weinen. Für sie ist klar, dass sie immer zur Schule gehen will – wenn nicht mehr als Schülerin, dann eben als Lehrerin. Als sie 14 Jahre alt ist, verliebt sie sich in eine Klassenkameradin. Sie kann ihre Gefühle nicht zuordnen, spürt lediglich, dass sie unwahrscheinlich gern mit dem Mädchen zusammen ist, ihre Nähe sucht und sie am liebsten immer für sich allein haben möchte. Sie wundert sich über sich selbst, über ihr Herzklopfen und über die Tatsache, dass sie verkrampft, wenn die Begehrte sie in die Arme nimmt. »Das ist nicht normal«, denkt sie sich, nicht wertend, aber über sich selbst erstaunt. Auch die Umschwärmte merkt es bald, und weil ihr Interesse an Anne lediglich ein freundschaftliches ist, zieht sie sich ein bisschen zurück und reagiert befangen. Anne ist enttäuscht und hakt die Sache ab. »Ich war dann auch mit Jungen zusammen, aber ich habe mich dabei immer irgendwie in eine Rolle gepresst gefühlt und gedacht, ›irgendwas stimmt hier nicht, du fühlst dich nicht wohl.‹« Sie macht das Abitur und geht zum Studium nach Göttingen, sucht sich einen Aushilfsjob in einem Copycenter und gründet mit einer lesbischen Kommilitonin eine Wohngemeinschaft. Sie hat in dieser Zeit noch einen Freund, doch durch die Mitbewohnerin lernt sie die lesbische Szene kennen und macht die Erfahrung, »dass es tatsächlich viele von ihnen gibt.« Als sie 22 Jahre alt ist, verliebt sie sich dann auch in eine Frau. Sie verbringt die erste Nacht mit ihr und spürt, dass der Weg, den sie nun einschlägt, der richtige für sie ist. »Es war ganz komisch. Als ich am nächsten Tag zur Arbeit ging, hatte ich das Gefühl, dass ich das erste Mal aufrecht gehen kann.« Im Traum sieht sie sich mit dem Auto fahren, will einen anderen Wagen überholen, aber sie kommt und kommt nicht vorwärts, bis sie merkt, dass sie die Handbremse angezogen hat. Dann wacht sie auf und denkt: »Okay, ja genau, das ist es, lass einfach los.«

Drei Monate nur hält ihre erste Liebe. Die Beziehung steht unter einem ungünstigen Stern, weil Anne trotz ihrer inneren Überzeugung noch mit ihrem Coming-out zu kämpfen hat. Da sind die alten Freundinnen, die fragen: »Warum auf einmal? Wir kennen dich anders.« Sie akzeptieren Annes Veränderung, aber dennoch hat sie oft das Gefühl, sich rechtfertigen zu müssen. Gegenüber ihrer Familie sagt sie lange Zeit nichts aus Angst, Erwartungen zu enttäuschen. Sie will erst einmal mit sich ins Reine kommen und die Familie bis dahin aus ihrem Leben heraushalten. Gleichzeitig fühlt sie sich ausgeschlossen durch ihre eigene Entscheidung. Erst als sie ein Jahr später ihre zweite Freundin kennenlernt, erzählt sie ihren Eltern, dass sie lesbisch ist. Ihre Mutter beginnt zu weinen – aus Erleichterung und Freude, dass Anne, die ihr so in sich gekehrt erschien, sich endlich anvertraut. »Eltern haben ja einen ganz sensiblen Sensor für solche Dinge. Und Mama hat mich dann in die Arme genommen und gefragt: ›Warum hast du nicht früher was gesagt? Wir haben dich doch lieb, egal was passiert, du bist doch du.‹«

Wenig später zieht Anne mit ihrer Freundin ins Grüne. Sie mieten eine Wohnung mit Garten in einem Dorf nahe Göttingen, von wo aus die Universität noch gut zu erreichen ist. Für die Nachbarn ist ganz klar: Da wohnen zwei Frauen, das ist ein Puff. Als Annes Bruder das Paar besucht, sehen sie ihre Vermutung bestätigt, geht doch nun auch noch ein Mann bei den Damen ein und aus. »Wunder, wunder, staun, staun«, meint Anne, reißt die Augen auf und lacht. Die Familien in der unmittelbaren Nachbarschaft allerdings erkennen schließlich die Lage, und nun werden Anne und ihre Freundin von ihnen auch zu Grillpartys und Gartenfesten eingeladen. Als Lesben haben sie im Dorf keine Probleme. Etwas mehr als zwei Jahre hält die Beziehung, und als sie zerbricht, geht Anne nach Göttingen zurück, wo sie jetzt wieder in einer Wohngemeinschaft lebt.

Anne wird an der Grundschule kleinere Kinder unterrichten und für sie als Klassenlehrerin eine enge Bezugsperson sein. Wo nun das Referendariat unmittelbar vor ihr liegt, denkt sie oft darüber nach, wie sie sich an der Schule verhalten will. Im Grunde ist für sie klar, dass sie nicht versteckt leben will. Sie hält das auch gar nicht für möglich, weil sie in vielen Situationen, beim Einkaufen, bei Partys oder beim Spaziergang mit der Freundin von Eltern, Kindern oder anderen Lehrkräften gesehen werden kann. »Ich glaube, bevor ich da ständig auf der Hut sein und mich rechtfertigen müsste, würde ich es lieber gleich ehrlich sagen und dazu stehen.« Ihre Überlegungen kreisen derzeit vor allem um Fragen der richtigen Strategie beim Coming-out an der Schule. Sie kennt viele lesbische Lehrerinnen, mit denen sie sich darüber austauscht, ob es sinnvoll ist, sich zunächst vor den Kolleginnen und Kollegen zu outen, oder auch wie sie reagieren kann, wenn es Probleme mit Eltern gibt. Viele Mütter und Väter der Kinder, die sie unterrichtet, werden nicht viel älter sein als sie selbst. Sie hofft, dass es mit dieser jungen Generation keine Schwierigkeiten geben wird, glaubt aber auch, dass nicht alle ihr Lesbischsein problemlos akzeptieren werden. »Natürlich kann es sein, dass jemand sagt: ›Ich will nicht, dass die meine Kinder prägt.‹«

Aber gerade deshalb findet sie es wichtig, offen zum eigenen Lesbischsein zu stehen, um weniger angreifbar zu sein. Sie weiß, dass die Akzeptanz lesbischer und schwuler Lebensweisen nicht allein eine Generationenfrage ist. Und sie weiß auch, dass es nicht immer und überall möglich ist, sich zu outen. Am Religionsseminar an der Universität wurde ihr das nachhaltig bewusst, als sie die Vorlesungen konservativer alter Professoren besuchen musste und ein Kommilitone in der Pause seine Meinung über Lesben und Schwule äußerte. »Die gehören alle an die Wand gestellt«, sagte er. Anne erschrak, als sie das hörte und war zugleich ratlos angesichts einer derart extremen Haltung. Natürlich fragt sie sich in bangen Momenten, wie sie sich verhalten soll, wenn ihr an der Schule einmal jemand mit so einer Meinung begegnet. Gerade um solche Probleme zu besprechen, findet sie die Vernetzung lesbischer Lehrerinnen besonders wichtig.

Es sei die Tatsache, dass viele Lehrerinnen, Lehrer und Eltern keine Lesben und Schwulen kennen, die dazu führe, dass Vorurteile sich hartnäckig halten, meint Anne. Um mir ein Beispiel für diese Ansicht zu geben, erzählt sie von einer mit ihr befreundeten lesbischen Lehrerin, die sich in ihrem Kollegium geoutet hat. »Und seitdem wird ihr nachgesagt, dass sie alle anderen Lehrerinnen ständig anbaggern will. Das sind Leute, die keine Ahnung und daher Berührungsängste mit Homosexuellen haben.« Kinder seien Annes Erfahrung nach viel aufgeschlossener als Erwachsene. So staunte ihre Nichte zwar, als Anne die Familie ihres Bruders das erste Mal mit ihrer damaligen Freundin besuchte und das Mädchen die beiden Frauen bei dieser Gelegenheit miteinander schmusen sah. »Anne, du küsst deine Freundin?« fragte sie zutiefst verwundert und mit weit aufgerissenen Augen. Bald aber war der Anblick für sie ganz selbstverständlich geworden. »Dann fragte sie nur noch: ›Wo ist Gitti? Wann kommt sie? Was macht sie?‹« Anne wünscht sich, dass auch die Kinder an den Schulen die Chance bekommen umzudenken. »Wenn ich es hören würde, dass jemand ein anderes Kind als ›schwule Sau‹ attackiert, dann würde ich das thematisieren und klarmachen, dass es andere Leute ganz doll verletzen kann, wenn das als Schimpfwort gesagt wird. Ich würde dann raten: ›Mensch, pass auf, sag lieber Arschloch.‹«

Anne würde. Noch steht der Schulalltag für sie im Konjunktiv. In wenigen Monaten wird sie sich ausprobieren können mit ihren Vorsätzen. Sie wird ihre Ansichten überprüfen, Erfahrungen sammeln und anvisierte Ziele weiterverfolgen. Schulpsychologin will sie vielleicht einmal werden. Das dafür nötige Aufbaustudium möchte sie auf jeden Fall absolvieren, aber ob und in welchem Umfang sie es dann nutzen wird, weiß sie noch nicht. Viel hängt davon ab, was sie in nächster Zukunft erleben wird. »Während des Studiums habe ich ja schon zwei Praktika gemacht, aber jetzt das Referendariat ist ja doch was anderes. Von daher will ich erst mal sehen ...«

Es ist wichtig, andere Menschen verstehen zu wollen und sich um sie zu kümmern.
Die Grundidee von Fucking Åmål *bestand in der Vorstellung, dass ein Teenager (Agnes) zu seinen Eltern kommt und seine gleichgeschlechtliche Liebe zugibt [sic!]. Diese Krise ist die Basis für die weitere Entwicklung und Reife.*

Lukas Moodysson, Drehbuchautor und Regisseur von *Raus aus Åmål*[11]

Du bist meine erste Frau

Barbara Fischer, 45 Jahre

Der Name, mit dem sich die Frau am anderen Ende der Leitung meldet, ist der von mir erwartete, aber die Stimme ist es nicht. Als ich vor gut zwei Wochen mit der Lehrerin in Cottbus telefonierte, hörte ich sie auf einer tieferen Frequenz und auch etwas leiser. Jetzt flötet das »Fischer« mir kräftig und glockenklar entgegen. Verwundert frage ich nach Barbara. »Meine Frau hat sich gerade ein bisschen hingelegt«, dringt die Antwort in mein Ohr, und endlich fällt bei mir der Groschen. Es ist die Angetraute, die mit mir spricht und den Termin bestätigt. Alles bleibe wie ausgemacht, sagt sie und rät mir zur Fahrt mit der Bahn angesichts des vorhergesagten Schneegestöbers. Ich bedanke mich für ihre Fürsorge, beobachte die weitere Wetterentwicklung und parke am folgenden Nachmittag direkt vor dem Haus meiner Gesprächspartnerin, nachdem der angekündigte Sturm sich entschieden hatte, die Lausitz zu verschonen.

Barbaras Frau begrüßt mich an der Tür, bevor sie mit ihrer jugendlichen Tochter die Wohnung verlässt, um einkaufen zu gehen. Meine Gesprächspartnerin führt mich ins Wohnzimmer und lässt mich für einen Augenblick allein. Ich sehe mich um in dem modern gestalteten Raum: ordentlich gestapelte Bücher hinter Vitrinenglas, eine weiße Ledercouch, abstrakte Skulpturen in den Zimmerecken, Bauhausstil. Allein das alte Filmposter über dem Flachbildfernseher passt nicht in das Ambiente und fällt umso mehr ins Auge. Humphrey Bogart schmiegt die unrasierte Wange gegen Katherine Hepburns Dickkopf, die »African Queen« bildet die Kulisse für das vertrauliche Tête-à-tête an der Wand und nun auch für unser Gespräch.

Barbara wird 1961 in Erfurt geboren. Gemeinsam mit ihrer zwei Jahre jüngeren Schwester wächst sie in Thüringen auf. Das Elternhaus ist schwierig, weil Mutter und Vater trinken, und so orientiert sich Barbara mit dem Älterwerden mehr und mehr an ihren Lehrerinnen und Lehrern. Es erscheint ihr naheliegend, später selbst diesen Beruf zu wählen. Die Schule hilft ihr durch die Jahre der Kindheit, ebenso wie die kleinen Geschichten, die sie sich ersinnt und in denen sie selbst stets eine männliche Rolle einnimmt. Sie beschließt, die Heimat zu verlassen, sobald sie kann. Sie absolviert die Erweiterte Oberschule und geht zum Studium nach Frankfurt/Oder. 1984, im Alter von 23 Jahren, tritt sie an einer Mittelschule die Arbeit als Lehrerin für Russisch und Geschichte an.

Schon in der Pubertät, als ihre Freundinnen beginnen, für Schauspieler zu schwärmen, merkt Barbara, dass sie sich eher für die weiblichen Figuren auf der Leinwand begeistert. Es wird ihr bewusst, dass sie lesbisch ist, aber sie sieht keine Möglichkeit, das auszuleben. Als sie erwachsen ist – zu alt, um sich weiter Geschichten auszudenken –, schläft sie hin und wieder mit einem Freund. »So zwischendurch«, sagt sie leidenschaftslos und: »Es war nicht das, was man mir über Sex immer erzählt hat.« Ohne erkennbare Alternative macht sie trotzdem weiter mit dem anderen Geschlecht, heiratet 1981 und bekommt zwei Jahre später, noch während des Studiums, einen Sohn. Auch ihr Mann ist Student, auch er wird Lehrer, und nach dem Studium treten beide ihre erste Stelle in Luckenwalde an, wo sie nun auch wohnen. Die Arbeit, die neue Umgebung und auch das Kind nehmen Barbara so sehr in Anspruch, dass ihre Gefühle für Frauen in den Hintergrund treten. Doch im Februar 1986 zieht ein junges Paar in die Neubausiedlung, in der Barbara mit ihrer Familie wohnt. Auf der Einweihungsparty verliebt sie sich in die Frau, die zukünftig nur zwei Stockwerke über ihr leben soll. Auch sie ist verheiratet, aber Barbara kommt ihr trotzdem nahe, beginnt mit ihr eine zermürbende Beziehung, die sich jahrelang hinziehen soll. »Von meiner Seite aus war da schon ein starkes Gefühl«, sagt die Lehrerin, »ein paarmal haben wir miteinander geschlafen, aber das mit der Liebe zu ihr war schon ein bisschen diffizil.« Hinter sorgfältig gewählten Worten verbirgt sie ihren damaligen Kummer, relativiert das Wechselbad der Gefühle, das sie »ziemlich fertigmachte.« Dem Beispiel der Eltern folgend, greift sie nun selbst zur Flasche, erkennt das Problem und kann es zunächst doch nicht lösen. »Es war ziemlich schlimm. Die anderen haben ja auch getrunken, aber ich konnte eben nicht aufhören.«

Barbara hat keinerlei Kontakte zu anderen Lesben in dieser Zeit. Sie weiß, dass es zumindest im nicht allzu fernen Berlin so etwas wie eine Szene für lesbische Frauen gibt, streckt aber ihre Fühler nicht dahin aus. Die verdrießliche Liebe zur Frau von nebenan, die Unklarheit und wohl auch der Mangel an Perspektiven rauben ihr Kraft und Nerven. Erst kurz vor der Wende schafft sie es, sich aus der unglücklichen Affäre zu lösen. Wie für so viele wird auch für Barbara der Mauerfall zum Signal für einen persönlichen Neuanfang. »Wenn nicht jetzt, wann dann?« sagt sie sich, spricht nun mit Freundinnen über ihre Gefühle für Frauen und auch mit ihrem Mann. »Wir haben uns wegen des Kindes darauf geeinigt, noch zusammenzubleiben, solange es keinen konkreten Anlass gibt.«

Ganz allmählich nähert sich Barbara nun der Berliner Szene an, geht heimlich in Frauenkneipen und hört auf zu trinken. Nach einigen kürzeren Affären verliebt sie sich in eine Frau, die in Cottbus lebt und arbeitet. Ein Jahr lang treffen die beiden sich nur am Wochenende, aber irgendwann wollen sie mehr. Der »Anlass« ist nun gegeben. 1993 trennt Barbara sich von ihrem Mann, lässt sich scheiden und zieht mit ihrem Sohn zu ihrer Freundin nach Cottbus. Fünf Jahre leben die beiden zusammen, doch der Alltag macht die Beziehung anstrengend. 1998 trennt sich das Paar, und Barbara zieht aus, nimmt für sich und ihren Sohn, der mittlerweile 15 Jahre alt ist, eine eigene Wohnung. »Ich habe mich dann eine Weile als Single ausprobiert und alles nachgeholt«, erzählt sie schmunzelnd. »Das war so meine lesbische Pubertät.«

Wie die gewöhnliche Adoleszenz dauert auch bei Barbara die Phase des Experimentierens annähernd vier Jahre. Sie endet, als sie im Rahmen einer Fortbildung eine Kollegin kennenlernt. Nach einem langen Tag des fachlichen Austausches sitzen die beiden Frauen zunächst gemeinsam mit anderen in gemütlicher Runde, aber mit später werdender Stunde bröckelt der Kreis. Die Verbleibenden rücken dichter zusammen, die Gespräche werden persönlicher. Die interessante Fremde hat bereits mitbekommen, dass Barbara lesbisch ist. Die Uhr bewegt sich auf Mitternacht zu, als die zwei Lehrerinnen schließlich allein miteinander reden. Wieder eine verheiratete Frau. Barbara merkt, dass sie sich zu der anderen hingezogen fühlt, aber sie bleibt auf Distanz, ja beinahe abgeneigt, hat sie doch die Erfahrungen mit der ehemaligen Nachbarin noch in lebendiger Erinnerung. »Das Spiel habe ich schon einmal durch, das mache ich nie wieder«, schwört sie sich.

Den Schwur kann sie nicht halten. Der gemeinsame Abend bleibt den beiden Frauen im Gedächtnis. Jede geht allein in ihr Hotel, nachdem sie sich verabschiedet haben, doch schon am nächsten Morgen klingelt bei Barbara das Telefon. »Wie ich nach Hause gekommen bin, wollte sie wissen. Und dann hat sie so ein bisschen schlecht über ihren Mann geredet, und da habe ich mir gedacht, so toll kann es ja um die Ehe nicht bestellt sein.«

Barbara zeigt sich noch immer reserviert, bleibt auf der Hut, tastet sich nur langsam voran, als sie die Kollegin wiedersieht. Sie löchert sie mit Fragen nach ihrem Mann und ihren Töchtern, so sehr, dass es ihr selbst schon peinlich ist. »Soll ich aufhören zu fragen?« erkundigt sie sich daher entschuldigend, aber die Kollegin schüttelt den Kopf und ermutigt Barbara zu weiteren Avancen. »Nein, nein, frag doch«, bittet sie und winkt im weiteren Verlauf der Unterhaltung mit dem Zaunpfahl: »Man kann sich ja auch trennen.«

Dieser eine Satz und die Art, wie die andere Frau ihn sagt, lässt Barbara Vertrauen fassen. Tatsächlich soll sich für sie das Szenario der späten achtziger Jahre nicht wiederholen.

Diesmal wird es eine glückliche Liebe. Die Kollegin wird ihre Freundin, lässt sich scheiden und zieht 2003 mit Barbara zusammen. Zwei Jahre später gehen beide eine Lebenspartnerschaft ein. »›Du bist meine erste Frau‹ hat sie zu mir gesagt«, erzählt Barbara ein bisschen verlegen und gleichermaßen stolz.

Die Realschule, an der Barbara unterrichtet, ist relativ klein. Alle dort wissen, dass sie lesbisch ist. »Wenn die fragen, kann ich doch nicht anfangen zu lügen.« Als sie 1993 nach Cottbus kommt, zeigt sich der Schulleiter anfangs zögerlich und reserviert ihr gegenüber. »Vielleicht hatte er ein Problem mit der Vorstellung, konnte irgendwie nicht mit mir umgehen, bis er mich mal mit meiner Freundin zusammen sah«, versucht Barbara sich sein Verhalten zu erklären und auch seinen späteren Sinneswandel. Sie kennt alle Kolleginnen und Kollegen im 20-köpfigen Lehrkörper gut, weiß, dass es dort außer ihr keine anderen Lesben und Schwulen gibt. Probleme durch ihr Out-Sein hatte sie nie, versichert sie mir, auch nicht mit den Eltern ihrer Schülerinnen und Schüler. »Die haben schon darüber geredet, dass ich meine Freundin mal heiraten werde, als ich es selber noch nicht wusste«, sagt sie lachend. »Und als es dann tatsächlich soweit war, haben sie uns als erste gratuliert.«

Die Kinder und Jugendlichen, die Barbara unterrichtet, sind zwischen 10 und 16 Jahre alt. Wenn Barbara von ihnen spricht, klingt viel Wärme aus ihren Worten. Es ist zu spüren, dass sie einen guten Kontakt zu ihren Schülerinnen und Schülern hat. Gefragt nach den Reaktionen der Mädchen und Jungen, wenn Homosexualität als Thema im Unterricht vorkommt, benennt sie drei verschiedene Richtungen und zählt sie auf. Die erste Gruppe zeige sich gelassen tolerant: »Ich weiß, dass es das gibt, und die sollen so leben, wie sie wollen.« Die zweite Gruppe weise denselben Grundtenor auf, ergänzt jedoch durch die Einschränkung: »Aber die sollen mich in Ruhe lassen und mich nicht anfassen.« Und schließlich gäbe es eine dritte Gruppe, die das nicht akzeptieren könne. Diese sei Barbaras Empfinden nach jedoch in den letzten Jahren kleiner geworden. Gleich geblieben sei, dass nach wie vor Witze über Schwule und Lesben gerissen werden. Auch dafür zeigt Barbara Verständnis; sie sagt, sie kenne selbst Lesben- und Schwulenwitze, die sie komisch findet. »Es gibt immer Witze, man muss auch über sich selbst lachen können, ohne sich beleidigt oder ausgegrenzt zu fühlen. Es kommt darauf an, was das für Witze sind.« Unter die Gürtellinie sollten sie nicht gehen, aber auch das komme vor, auch in Barbaras Gegenwart. Aber: »Es ist mir noch nie aufgefallen und mir wurde auch nie zugetragen, dass jemand ›abartig‹ über mich redet, auch nicht hintenrum.«

Nüchtern abwägend wie sie über die Reaktionen der Kinder spricht, erweckt Barbara den Eindruck, dass sie es sich zur Gewohnheit gemacht hat, die Dinge zu nehmen, wie sie sind, ohne sich lange durch ein philosophisches Konstrukt aus Wunsch und Wirklichkeit zu denken. Als eine, die sich aus den schwierigen Verhältnissen ihrer Kindheit herausgearbeitet hat, ist sie es gewohnt, pragmatisch zu sein. So empfiehlt sie trotz ihrer eigenen spontanen Offenheit in Bezug auf ihr Lesbischsein jungen homosexuellen Lehrerinnen und Lehrern eine anfängliche Zurückhaltung beim Coming-out, um nicht in den Mühlen jugendlicher Kraftmeierei zerrieben zu werden, bevor man den Platz vor der Klasse wirklich eingenommen hat. »Schüler versuchen doch immer, junge Lehrer fertigzumachen, und wenn man dann als junge Lehrerin gleich sagt, dass man lesbisch ist, benutzen die das eben dafür, aber wenn man schon einen guten Stand an der Schule hat, ist das dann auch egal.«

Vielleicht weil Barbara während ihrer eigenen Schulzeit viel Halt bei ihren Lehrerinnen und Lehrern fand, ist sie den Jugendlichen in ihren Klassen besonders verständnisvoll zugewandt. Als ich sie daher frage, ob sie irgendwann einmal erlebt habe, dass sie für lesbische Mädchen ein hilfreiches Vorbild sein konnte, erzählt sie zunächst von einer ehemaligen Schülerin, die sie nach deren Abschluss noch einmal wiedersah und die sich erst bei dieser Gelegenheit Barbara gegenüber outete: »Es kam zu einer Unterhaltung, die mir ein bisschen komisch vorkam, und da hab ich sie im Prinzip gefragt, und sie hat das bejaht.« War es in diesem Fall nur ein gegenseitiges Bestätigen eigener Vermutungen, hatte Barbara hingegen viel früher schon, in Luckenwalde, eine Schülerin, deren Weg sie über mehrere Jahre begleitete.

Es ist die Zeit kurz nach der Wende. Barbara ist mit dem eigenen Coming-out beschäftigt, und noch weiß niemand an der Schule davon. Sie unterrichtet in einer siebten Klasse, in der ein Mädchen – Melanie – zur Außenseiterin wird. Die Dreizehnjährige ist künstlerisch begabt und kleidet sich eigenwillig; ihre Mitschülerinnen und Mitschüler haben das Gefühl, dass sie auf unbestimmbare Weise anders ist, meiden sie und hänseln sie auch. Zwei Jahre lang erlebt Barbara Melanie im Unterricht, und weil sie mitbekommt, wie alleine das Mädchen ist, beginnt sie, sich ein bisschen um sie zu kümmern.

Nach dem achten Schuljahr ergibt es sich, dass Barbara Melanies Klasse nicht länger unterrichtet. Zwischen ihr und dem Mädchen ist in der Zwischenzeit allerdings ein bisschen Nähe entstanden, sie reden weiterhin gelegentlich miteinander. Als Melanie in der zehnten Klasse ist, merkt Barbara, dass ihre ehemalige Schülerin sich in sie verliebt hat. Sie vertraut sich Barbara mit ihren Gefühlen auch an, und Barbara reagiert umsichtig, sagt, dass sie Melanie gut verstehen kann. »Das glaube ich Ihnen sogar, denn Sie sind ja genauso«, antwortet die Jugendliche daraufhin ihrem völlig verblüfften Gegenüber. Barbara macht eine bedeutungsvolle Pause, lächelt verlegen und stottert ein wenig, als sie schließlich weitererzählt. So wie sie mir gegenübersitzt und redet, kann ich mir gut vorstellen, was sie nun sagt: »Das war, jedenfalls bezogen auf das Thema, das einzige Mal, dass mir so richtig heiß geworden ist, dass ich glühte und einen hochroten Kopf bekam und zwei Stunden brauchte, um wieder normal zu werden.«

Die Zuneigung des Mädchens ist für Barbara ein Problem. Als Melanies alleinerziehende Mutter davon erfährt, redet Barbara mit ihr. Die Frau ist anfangs völlig außer sich und droht Barbara auch, weil sie befürchtet, Barbara würde sich auf die Liebe ihrer Tochter einlassen. »Die ist mir aufs Dach gestiegen«, erzählt sie lachend, und wie so oft, zeigt sie auch hier Verständnis für die aufgebrachte Mutter, glaubt, sie habe Zeit gebraucht zu akzeptieren, dass ihre Tochter lesbisch ist, habe auch Angst gehabt »vor Krankheiten und davor, dass Melanie in eine Szene gerät.«

Durch den Austausch mit Barbara beruhigt die Mutter sich schließlich. So glaubt Barbara durchaus, dass sie für Melanie in der Zeit ihrer Pubertät eine wertvolle Begleitung sein konnte.

Barbara ist in der lesbischen Szene nicht sonderlich verwurzelt und legt auch keinen Wert darauf. Das Pfingstwochenende verbringt sie lieber beim FKK an der Ostsee als auf dem Lesbenfrühlingstreffen, den CSD hat sie nur einmal rein zufällig in Berlin miterlebt, weil sie an diesem Tag gerade in der Stadt unterwegs war. Kurz nach der Wende, als sie für sich an die Möglichkeit einer lesbischen Zukunft zu glauben begann, ist sie ab und zu am Wochenende in Frauenlokale gegangen. Auch hat sie für eine Weile in einer lesbischen Gruppe Handball gespielt, hat gelegentlich Lesungen besucht oder auch schon mal ein Cabaret. »Aber je älter ich geworden bin und je natürlicher das Ganze für mich selbst geworden ist, desto mehr habe ich das Gefühl gehabt, dass ich mich da selbst abgrenze.«

Der Gedanke, an bestimmte Kreise gebunden zu sein, behagt ihr nicht. Sie tanzt ganz gerne, aber sie muss es nicht in der Frauendisco tun. Für sie ist es selbstverständlich, ihre Frau überall in den Arm zu nehmen oder in der Gaststätte zu küssen, wenn sie es möchte. »Das ist für mich überhaupt kein Thema, da denke ich gar nicht mehr dran«, sagt sie gelassen. »Vielleicht würde ich ja damit anfangen, wenn mir mal jemand was auf die Schnauze hauen würde, aber das ist noch nie vorgekommen.« Manchmal spricht sie mit Jugendlichen, die in die rechte Szene geraten sind. In der siebten, achten Klasse hat sie solche Schüler, und mit ihrer Fähigkeit, ohne Umschweife den Ton der jungen Leute zu treffen, verschafft sie sich bei den Diskussionen mit ihnen Respekt, der allerdings auf ihre Person beschränkt bleibt und keine Akzeptanz ihrer Lebensweise nach sich zieht. »Die kommen damit nicht klar, aber mit mir können sie umgehen.« Manchmal wird sie im

Anschluss an solche Debatten zu Feiern eingeladen, und man gibt sich ritterlich: »Die haben mir auf ihre Art angeboten, mich zu beschützen, wenn mir irgendjemand komisch kommt.« Sie lächelt ein bisschen gerührt, vielleicht ist sie auch dankbar für die vermeintliche Toleranz, mit der man ihr begegnet, eine Toleranz, die sie sich grundsätzlich wünscht und die sie bereit ist, anderen gegenüber zu zeigen. Auch deshalb lehnt sie die enge Bindung an die homosexuelle Szene ab, in der sie erlebt hat, »dass da viele sind, die sich extrem intolerant gegenüber anderen verhalten, die nicht lesbisch oder schwul sind.« Ihr Credo ist es, alle zu nehmen, wie sie eben sind.

Mit einem kurzen Achselzucken signalisiert mir Barbara, dass es mehr nicht zu sagen gibt, erkundigt sich, ob ihre Geschichten mir weiterhelfen werden. Ich bedanke mich und erzähle etwas von einem Puzzle, bei dem sich eines zum anderen fügt, dann fällt mein Blick noch einmal auf das antiquierte Hollywood-Paar, das uns die ganze Zeit beobachtet hat. Ja, Katherine Hepburn finde sie schon seit ihrer Jugend toll, sagt Barbara, als ich sie darauf anspreche. Sie hat alle ihre Filme auf Video. »Wenn man die sieht, wenn es einem schlechtgeht, dann geht es einem danach besser. Und wenn man sie sieht, wenn es einem gutgeht, dann geht es einem danach immer noch gut.«

Also unsere Lehrerin weiß auch nicht, dass ich zwei Mütter habe. Und mich hat eigentlich auch noch niemand gefragt. Mich würde es nicht stören, wenn sie es wüssten – wenn sie mich nicht ärgern. Das tun sie nicht, denn sie wissen es ja auch nicht.

11-jähriger Junge lesbischer Eltern über seine Situation in der Schule[12]

Viel Erfolg bei den Gay Games!
Bettina Lange, 48 Jahre

Ein geöffneter Karton steht dicht neben der Heizung unter dem Fenster der geräumigen Wohnküche. Eigentlich hatte Bettina ihn dort nur abgestellt, bis irgendjemand in dem Drei-Personen-Haushalt das nächste Mal den Müll hinunterbringen würde, aber dann nahm Tommy ihn in Beschlag, probierte ihn aus und erwählte ihn zum neuen Lieblingsplatz. Die schwarzweiße Katze hat es sich auch jetzt wieder darin gemütlich gemacht, ab und zu ertönt ein Poltern aus dem Inneren, hin und wieder streckt sie Nase und Pfoten über den Rand, um die Lage zu peilen. Nur Unsinn habe sie im Kopf, erzählt Bettina, und deshalb sei sie eben Tommy, eine freche kleine Lesbe, noch immer verspielt, obwohl sie längst erwachsen ist. Sie gehört der neunjährigen Tochter ihrer Freundin. Die beiden Frauen haben sie ihr zu Weihnachten geschenkt, kurz nachdem sie im Herbst 2003 eine gemeinsame Wohnung in einem Berliner Altbau nahmen. Die hohen Räume und das knarrende Parkett sorgen für ein charmantes Ambiente. Wir bleiben gleich am Küchentisch und trinken Tee, meine Gastgeberin rührt den Dampf aus ihrer Tasse und trinkt vorsichtig einen kleinen Schluck, bevor sie spricht.

Bettina wächst in Meersburg am Bodensee in einer Familie auf, in der seit jeher die weibliche Linie den Ton angibt. Schon im Alter von zehn, elf Jahren findet sie einige der Mädchen in ihrer Klasse »total spannend«, genießt es, so dicht wie möglich neben ihnen zu sitzen oder sie zu berühren. Bei Jungen erlebt sie derartige Gefühle nicht, auch nicht als sie älter wird und sich anzupassen versucht. Zwar begibt sie sich in ihrer Jugend in Heterozusammenhänge, aber noch immer sind es die Mädchen, die ihr Herzklopfen bereiten »und all solche Sachen.« Neben dem Interesse an den Mitschülerinnen schwärmt sie auch für eine ihrer Lehrerinnen, die Sport und Französisch unterrichtet. »Eine grottenschlechte Pädagogin«, sagt sie aus ihrer heutigen Sicht und lacht, »aber ich fand sie toll.« Sie hat eine Art, »die nicht so weibchenhaft« ist, was ihr in Bettinas Augen eine aufregende Ausstrahlung verleiht. Vielleicht spürt Bettina in jenen Jahren, was an der Schule nicht bekannt ist und was sie erst viel später erfahren soll: Diese Lehrerin ist eine Lesbe. Sie lässt sich nicht auf Bettinas schwärmerische Gefühle ein, was eigentlich selbstverständlich sein sollte, aber Bettina stellt es heraus, weil sie gerade ein Buch auf den Tisch bekommen hat, in dem ein Verhältnis zwischen einer 13-jährigen Schülerin und ihrer 26-jährigen Lehrerin positiv als gleichberechtigte Liebesgeschichte geschildert und in keiner Weise in Frage gestellt wird. Sie empört sich über den Inhalt des Buches, seine Botschaft und den Verlag: »Die muss man doch mal fragen, ob die noch ganz klar sind, so was zu veröffentlichen! Das ist Missbrauch von Abhängigen, da müsste doch ein Verlag mal sagen, hier ist Schluss.«

Bettinas Lehrerin lässt sich nicht hinreißen, die Verehrung ihrer Schülerin auszunutzen. »Zum Glück«, sagt Bettina, deren ernstere Verliebtheiten sowieso weiterhin den gleichaltrigen Mädchen in der Klasse gelten. Für sie ist schon während der Pubertät klar, dass sie sich zu Mädchen und Frauen hingezogen fühlt. Benennen konnte sie das aber nicht. Ihre Werte und auch die Gepflogenheiten in ihrer Familie sind geprägt vom gelebten Protestantismus der Eltern, und wie in so vielen Familien wird auch in ihrer über Sexualität absolut nicht gesprochen. »Ich hatte gar keine Begrifflichkeiten für nichts richtig.« Aufklärung findet nicht statt. Bettina ahnt nur vom Gefühl her, dass es Liebe unter Frauen gibt und geben muss, aber sie weiß auch, dass es etwas absolut Tabuisiertes ist, das es eigentlich nicht geben darf. Für Bettina ergibt sich daher auch keine Gelegenheit, Erfahrungen auf diesem Gebiet zu sammeln. »Leider«, fügt sie an, denn sie ist zwar befreundet mit den Mädchen, in die sie verliebt ist, aber sie merkt auch, dass ihnen ihre Avancen eher unangenehm sind. Erst nach dem Abitur lernt Bettina im Rahmen einer längeren Auslandsreise eine junge Frau kennen, mit der sie eine kurze Affäre hat. Zurück in Deutschland, beginnt sie allmählich auch hier, sexuelle Kontakte zu Frauen zu suchen. Mit Anfang zwanzig geht sie ihre erste wirkliche Beziehung ein, aber es stellt sich schnell heraus, dass sie mit dieser Frau nicht glücklich werden kann, denn ihre Freundin hat ein massives Suchtproblem. »Die war ordentlich alkoholabhängig«, sagt Bettina leicht ironisch und vor allem bedauernd, »es war also ziemlich grässlich und für mich kein schöner Einstieg in diese Lebensform.«

Nach wie vor spricht Bettina mit ihren Eltern nicht offen über das, was in ihrem Liebesleben geschieht, denn der einzige Versuch, das Thema ihrer Mutter gegenüber vorsichtig anzusprechen, zeigt schnell, dass sie damit auf verlorenem Posten steht. »Die hat nur etwas dahergeredet von wegen, das sei unnatürlich und gegen Gott und so 'n Zeug.« So verwirft Bettina die Vorstellung vom familiären Coming-out endgültig. Nach dem Schulabschluss jobbt sie zunächst ein wenig, verspürt aber bald das Bedürfnis, der finanziellen Abhängigkeit vom Elternhaus endgültig zu entkommen. Eigentlich will sie Archäologie studieren, aber dafür müsste sie Latinum und Graecum nachholen, was ihr in dieser Zeit zuviel Aufwand bedeutet. Sie entscheidet sich daher für eine Zukunft als Grundschullehrerin. Es ist ihre Mutter, die sie ein bisschen in diese Richtung drängelt, auf einen Weg, den in der dominierenden weiblichen Linie der Familie schon viele gegangen sind. Das Studium an der Pädagogischen Fachhochschule in Karlsruhe bringt sie schnell hinter sich, weil es sie eher langweilt als fasziniert und auch, weil sie ihre Unabhängigkeit herbeisehnt. Im Alter von knapp 24 Jahren legt sie das erste Staatsexamen ab.

Das Referendariat führt Bettina nach Villingen-Schwenningen. Sie lebt ihr Lesbischsein, hält sich nach außen aber bedeckt und ist bemüht, ihre Anfänge als Lehrerin und ihr Privatleben zu trennen. Bettina bekommt allerdings ausschließlich Besuch von Frauen, sie hat nur Freundinnen, und wer sie direkt darauf anspricht, »der kriegt das dann auch zu hören.« Ein bisschen anders verhält es sich an der Schule, einer Grund- und Hauptschule, an der sie auch Schülerinnen und Schüler unterrichtet, die schon 13, 14 Jahre alt sind. Hier sagt sie nichts von ihrer Liebe zu Frauen. »Das habe ich nicht riskiert«, verkündet sie im Brustton der Überzeugung. Sie erhält allerdings auch keinen Anknüpfungspunkt für dieses Thema. »Also in die Klasse gehen und sagen: ›Guten Morgen, ich bin lesbisch‹, das ist ja auch ein bisschen albern, das macht man ja irgendwie nicht.« Und es will auch niemand wissen. Vielleicht liegt es an der respektvollen Zurückhaltung, die in der Region für Schülerinnen und Schüler im Kontakt mit der Lehrerin typisch ist, vielleicht liegt es auch ganz einfach daran, dass Bettina noch so jung ist, dass niemand sich nach Ehemann und Kindern erkundigt. In ihrem 30-köpfigen Kollegium bekommen zwar einige der Lehrkräfte mit, dass Bettina lesbisch ist, aber sie sprechen sie nicht darauf an. »In einem Flächenland wie Baden-Württemberg lebt man ja eigentlich immer in kleinen und oft auch entsprechend kleinkarierten Orten«, sagt Bettina. »Es gilt die Regel: Was ich nicht weiß, macht mich nicht heiß.« Selbst wenn sie von ihrer Freundin erzählt, wird es einfach nur zur Kenntnis genommen. Es ist der übliche Weg, unbequeme Themen zu vermeiden. »Man kann ja gut ausbremsen, wenn man nichts fragt.«

Wie schon das Studium, geht auch das Referendariat schnell vorüber. Im Sommer 1983, im Alter von 25 Jahren, besteht Bettina das zweite Staatsexamen. Sie ist nun eine fertige Lehrerin, doch die Schule in Villingen-Schwenningen kann sie nicht übernehmen, und so droht ihr wie vielen ihrer Kolleginnen und Kollegen die Arbeitslosigkeit. Sie wird entlassen und sieht zunächst einer ungewissen Zukunft, sieht endlosen Sommerferien entgegen. Dann aber kommt alles ganz anders: Mitten in der unterrichtsfreien Zeit bekommt Bettina einen Anruf von der Schulbehörde. Irgendwo ist eine Stelle frei. Man sagt ihr den Namen des Ortes, in den sie gehen kann. Bettina sucht ihn auf der Landkarte. Sie sucht gründlich. Sie sucht lange. Alles ist besser als Arbeitslosigkeit. Sie will unabhängig sein, und so packt sie ihre Siebensachen und folgt dem Ruf der Wildnis.

War schon Villingen-Schwenningen recht beschaulich, verschlägt es Bettina nun in ein winziges Dorf im nördlichen Schwarzwald. Sechs lange Jahre an zwei verschiedenen Schulen wird sie insgesamt in dieser Gegend verbringen. Es klingt nach einer Zumutung, wie sie es sagt. Der Film *Allein unter Heteros* fällt mir unweigerlich ein, und das ist es auch, was Bettina mir vermittelt. Zwar gefällt ihr das schöne Häuschen mit Garten und viel Platz, das sie bewohnt, doch sie bringt sehr anschaulich auf den Punkt, was die ländliche Region ihr als Lesbe zu bieten hat: »Da war Dunkeltuten, absolut.«

Bettina fühlt sich einsam in ihrem komfortablen Zuhause. Am Wochenende fährt sie quer durch nebelverhangene Täler nach Freiburg auf der Suche nach Gleichgesinnten, manchmal auch ins französische Strasbourg, wo sie viele Freundschaften pflegt. Getrieben von dem Wunsch, andere Lesben zu finden, outet sie sich schließlich auch in der näheren Umgebung in manchen Kreisen, begegnet dabei aber keiner einzigen frauenliebenden Frau. Bald schon möchte sie weg aus der dünnbesiedelten Gegend, aber sie muss erfahren, dass »alleinstehende, ledige Leute immer die letzten in der Versetzungsgruppe sind.« Es bleibt ihr nichts anderes übrig, als vor Ort zu gucken, was in Liebesdingen geht, Möglichkeiten auszuloten, wo es eigentlich keine gibt.

Bettina hat eine verheiratete Kollegin, deren Ehemann es sich zur Gewohnheit gemacht hat, bei jeder Frau auszuprobieren, ob er sie nicht herumkriegen kann. Er versucht es auch bei Bettina, die ihn energisch abblitzen lässt. Der Kleinstadt-Casanova hat keine Chance, bei ihr zu landen, seine Frau hingegen schon. Bettina lässt sich zunächst auf eine Affäre mit ihr ein, aber bald schon entwickelt sich mehr daraus. Für beide wird es kompliziert und zieht sich über Jahre hin.

Die Geschichte bleibt im Ort nicht verborgen. Zwar redet in der 300-Seelen-Gemeinde niemand darüber, doch es ist klar, dass die Beziehung der beiden Frauen bekannt sein muss. »Fast jeden Abend stand ihr Auto vor meiner Tür, das haben alle mitgekriegt.« Zunächst gibt es keine Probleme. Auf dem Land genießen Lehrerinnen noch immer so etwas wie eine von Berufs wegen verliehene Autorität; auch die Eltern der Schülerinnen und Schüler trauen sich nicht ohne weiteres, etwas gegen sie zu sagen. Geredet wird nur andeutungsweise; am Stammtisch, beim Fasching. So ist Bettina sicher, dass auch sie und ihre Freundin bei solchen Gelegenheiten ein Thema waren: »Hintenrum werden die ordentlich geratscht haben.«

Als Bettina drei Jahre an der Schule ist, werden die Komplikationen größer. Ihre Freundin erlebt zu Hause abscheuliche Auseinandersetzungen mit dem Ehemann, der immer öfter auch randaliert, während Bettina parallel noch eine Beziehung mit einer anderen Frau eingeht. Sie beginnt, Abstand zur Kollegin zu suchen, weil sie spürt, dass ihr Zusammensein keine Perspektive hat. Gleichzeitig entsteht an ihrer Schule ein Personalüberhang. Bettina wird in den Nachbarort abgeordert. Sie weiß nicht, wer bei dieser Entscheidung im Hintergrund die Fäden zieht, ob der Mann ihrer Freundin eine Rolle dabei spielt, aber sie wähnt sich zwangsversetzt. Kurz darauf trennt sie sich von der verheirateten Frau, weiß, es geht irgendwie nicht weiter mit ihr. Die Vernunft lässt sie zu dieser Entscheidung kommen, aber das Herz will ihr noch nicht folgen. Bettina hält es ohne die ehemalige Geliebte schließlich doch nicht aus, will wieder zu ihr zurück und erlebt nun ein Zögern auf der anderen Seite. Ihr Alltag wird bestimmt von einem aufreibenden Hin und Her, das kein wirkliches Ende findet. Noch einmal zweieinhalb Jahre zieht die Affäre sich hin, stirbt ab und lebt wieder auf, wird zermürbend. Erst eine Fortbildung fernab von den Wipfeln des Schwarzwalds bringt Bewegung in die festgefahrene Lage.

Im Herbst 1988 besucht Bettina eine Tagung in Flensburg. Die Reise dorthin und bei regnerischem Wetter ist beschwerlich, aber der weite Weg soll sich für sie nicht nur der fachlich interessanten Diskussionen wegen lohnen. Es ist eine feministische Veranstaltung, und die Lehrerinnen, die dort miteinander arbeiten, kommen aus allen Regionen des Landes und auch aus dem Westteil des noch geteilten Berlins. Bettina kennt die eingemauerte Stadt. Zu mehreren Lesbenwochen war sie dort zu Besuch, aber jetzt rückt sie ihr plötzlich näher, als sie sich zwischen Kleingruppenarbeit, Plenum und Abendessen in eine engagierte Kollegin verliebt. Die andere Frau erwidert ihre Gefühle, und dann geht alles ganz schnell. Wenige Monate nur pendeln beide über die Transitstrecke, besuchen sich am Wochenende und über die Weihnachtsferien, lernen sich kennen, verbringen den Osterurlaub zusammen in südlichen Gefilden und beschließen, gemeinsam leben zu wollen. Die Jahre der Widerstände gehen für Bettina zu Ende. Sie stellt einen Versetzungsantrag nach Berlin und hat Glück: noch, gerade noch steht die Mauer. Eine Versetzung über die

Grenzen eines Bundeslandes hinaus ist nur im Tauschverfahren möglich. Viele Lehrkräfte haben genug vom Inseldasein in der Frontstadt der Alliierten. Für sie klingt Schwarzwald nach Ruhe und Erholung vom Stress an der Großstadtschule, und so ist Bettina als Tauschpartnerin heiß begehrt. In den Sommerferien 1989 verlässt sie das Häuschen mit Garten und kommt in den lesbisch-schwulen Berliner Kiez, wo sie mit ihrer neuen Liebe eine gemeinsame Wohnung nimmt. Kein Ehemann mehr, kein Dunkeltuten, nur zwei Frauen, die sich füreinander begeistern.

Bettina ist ein vorsichtiger Mensch. An der neuen Schule muss sie zunächst das Terrain sondieren, und bei dem Gedanken an die Berliner Kinder ist ihr ein bisschen mulmig zumute. Ihre Befürchtungen erweisen sich als durchaus begründet. Achtungsvolles Miteinander im Unterricht gewohnt, übernimmt sie nun eine vierte Klasse, deren Mädchen und Jungen im vorpubertären Alter »der absolute Knaller« sind. Sie zeigen Bettina gegenüber keinerlei Respekt, kennen keine Disziplin und keine Grenzen. Viele von ihnen kommen aus problembeladenen Elternhäusern, senden Hilfeschreie aus, zeigen ihre ganze Verunsicherung in geballter Form. Lange druckst Bettina herum, bis sie sagt: »Also Kinder mit extremen Verhaltensauffälligkeiten aufgrund dessen, was sie bis dahin erlebt haben, in ihrer Geschichte, in ihren Familien.« Bettina muss sich auf ein völlig anderes Umfeld einstellen. An ein Coming-out ist unter diesen Voraussetzungen zunächst nicht zu denken. »Der Umzug, die privaten Veränderungen und dann diese Klasse, da kam einiges zusammen, und damit hatte ich erst mal genug zu tun.«

Bettina lebt sich nach und nach ein und findet ihren Platz im Kollegium. Als die Schulleiterin, eine couragierte Frau in politischen und gesellschaftlichen Fragen, sie eines Abends gemeinsam mit anderen Lehrerinnen und Lehrern zu sich nach Hause einlädt, entsteht in diesem privateren Rahmen Raum für persönliche Gespräche. Hier erzählt Bettina, dass sie lesbisch ist, erzählt auch von ihrer Partnerin. Es entstehen erste Freundschaften über den Schulalltag hinaus, einige Kolleginnen besuchen sie oft und lernen bei diesen Gelegenheiten ihre Lebensgefährtin kennen. Gemeinsam verbringt man nette Abende, Bettina ist gerne mit den anderen Lehrerinnen zusammen. Trotzdem hat sie das Gefühl, dass die meisten Kolleginnen und Kollegen ihre Lebensweise vor allem zur Privatsache deklarieren, getreu dem Motto: »Na ja, die lebt eben mit einer Frau zusammen.« Die mit dieser Tatsache für Bettina verbundenen Umstände beschäftigen sie nicht. Sie denken auch nicht darüber nach, wie ihre Lebensweise gesellschaftlich eingebettet ist und welche Formen von Diskriminierung es nach wie vor gibt. Manchmal vermisst Bettina daher so etwas wie offenkundige Solidarität. »CSD, alles klar, schön und gut, aber dass die mal auf die Idee kommen und sagen, ich gehe da mal mit meiner Kollegin mit, dass die mal Präsenz zeigen und sagen, ich finde es gut, dass es so unterschiedliche Möglichkeiten zu leben gibt, kommt denen nicht in den Sinn.« Bettina klingt enttäuscht, als sie das sagt. Ihre Stimme wird lebendiger, als sie mir von anderen Kolleginnen erzählt, die aufmerksamer sind und echtes Interesse zeigen: Freundinnen, die nachfragen. Es bedeutet ihr viel, wenn sie von ihr wissen wollen, was es heißt, den gewöhnlichen Heteroalltag nicht zu haben. Wenn sie sich danach erkundigen, wie die Leute in Spanien reagieren, wenn Bettina dort mit ihrer Freundin den Urlaub verbringt, oder auch danach, ob sie Kinder haben will. Das alles seien durchaus spannende Fragen, gerade auch die letzte. Aber Anfang der 1990er Jahre ist das Thema Kinderwunsch keines, dem sich Lesben in besonderer Weise widmen. Insemination und Samenbanken sind keinesfalls selbstverständlich, und auch für Bettina ist der Gedanke an eigenen Nachwuchs weit weg. Mit ihren Freundinnen darüber zu reden gibt ihr dennoch das Gefühl, mit ihrem ganzen komplexen Alltag gesehen zu werden. So besteht das Kollegium an ihrer Schule einerseits aus Menschen, die sie gut kennen und mit denen sie einen vertrauten Umgang pflegt, während es gleichzeitig Kreise gibt, mit denen sie keine Berührungspunkte hat. Mit ihrem Lesbischsein hält sie nicht mehr hinter dem Berg – ihre Lebensgefährtin kommt genauso in die Schule wie die Ehepartner der anderen Lehrerinnen und Lehrer. Einen Unterschied gibt es dennoch: »Die Einschränkung war allerdings, dass wir uns nicht geküsst haben.«

Bettina weiß nicht, wie die anderen reagieren würden, aber sie nimmt sich in diesem Punkt noch zurück. Selbst ihre Freundin, die ansonsten mit ihrem Lesbischsein sehr offensiv umgeht, möchte das nicht. Umarmungen sind kein Problem, sind unter Frauen ohnehin gang und gäbe. Aber den Kuss auf den Mund vor dem Schulhaus vermeiden beide, wenn Bettina nach Unterrichtsschluss von ihrer Lebensgefährtin abgeholt und begrüßt wird. Die uralte, nur durch Tabuisierung entstandene Botschaft, dass es nicht opportun wäre, spielt dabei noch eine Rolle. Es wäre ganz einfach ungewöhnlich. Ungewohnt. Und nicht zuletzt geht es auch um den Schutz dessen, was Bettina lieb und teuer ist: »Was ich schön finde, möchte ich nicht blöd kommentiert haben.«

Die Sorge vor dem dummen Spruch geht auch in Richtung der Kinder. Ihnen gegenüber outet Bettina sich in den ersten Jahren nicht. Noch immer hat sie diese schwierige Klasse mit ebenso komplizierten Eltern. Dennoch entstehen Gerüchte, denn die Schülerinnen und Schüler kommen in den 1990er Jahren recht schnell von selbst darauf, dass Bettina lesbisch sein könnte. Sensationell ist es nicht mehr in einer Stadt wie Berlin, aber auch noch nicht selbstverständlich oder in gleicher Weise akzeptiert wie die Liebe zwischen Mann und Frau. Bettina erlebt immer wieder, dass vor allem Kinder aus der ersten und zweiten Klasse weinend zu ihr kommen und sagen: »Die anderen erzählen, Sie sind lesbisch!!!« Bettina imitiert die gezeigte Verzweiflung und lacht mitfühlend. Auch die Kleinen wissen, dass mit dem Wort ›lesbisch‹ eine Abwertung verbunden ist. Sie mögen Bettina, wollen die nette Lehrerin nicht abgewertet haben. »Wenn die so kommen, hat man das Gefühl, jetzt ist alles zu Ende.« Für sie gerät die Welt aus den Fugen. Es ist an Bettina, sie wieder zusammenzufügen, daher spendet sie Trost und fragt: »Was ist denn so schlimm daran? Warum weinst du denn? Ist das nicht okay?« Große Augen staunen sie dann an, und verschreckte Stimmchen protestieren: »Ja, aber die anderen sagen doch alle ...«

Wieder schmunzelt Bettina. Sie spricht den eigenen Part ganz ruhig, setzt der leicht panischen Aufregung ihrer verstörten Gegenüber vor allem Gelassenheit entgegen: »Das ist schon in Ordnung«, versichert sie ihnen. »Du wirst sehen, die anderen hören auch wieder auf zu reden. Und wenn nicht, dann schick sie doch mal zu mir, damit wir das klären können.«

Bettina weiß, dass die Reaktionen besonders der älteren Kinder auf ihr Lesbischsein viel über deren eigene psychische Situation aussagen. Während viele von ihnen gleichgültig die Schultern zucken und diese Information schnell abhaken, kommt Ablehnung vor allem von denen, die eigene homosexuelle Neigungen zu unterdrücken oder ganz einfach ihr Selbstbewusstsein mit der Abwertung anderer zu stärken versuchen. »Da gibt es immer welche, die sich ein bisschen aufmanteln müssen, die den Macker heraushängen lassen oder die Tussi. Die Ladys sind ja auch nicht gerade auf den Mund gefallen.« Sie betont das mit Nachdruck, weil oft nur die Jungen in ihrer vorlauten Art gesehen werden. Bettina hingegen macht da ganz andere Erfahrungen, und wenn sie auf dem Schulhof oder in der U-Bahn hässliche Kommentare von Seiten der Mädchen hört, berührt es sie in viel stärkerem Maße.

Nach einigen Jahren ist Berlin mit seinem für Lesben offenen Klima und seinen aufmüpfigen Kindern für Bettina zur Heimat geworden. 1995 wechselt sie noch einmal den Arbeitsort, unterrichtet fortan in einer integrativen Grundschule im Bezirk Mitte. Hier hat sie zwei schwule Kollegen und eine lesbische Kollegin und outet sich selbst sehr schnell. »Da habe ich das gleich kundgetan. Wir sind zu viert, wir sind ein Zehntel der Lehrkräfte, und damit liegen wir ganz gut im Schnitt.«

Das Lesbischsein offen leben zu können wird für Bettina besonders bedeutsam, als kurz darauf ihre Beziehung zerbricht und Liebeskummer an der Tagesordnung ist. Sie muss nichts verstecken, sie muss nichts erfinden, wenn es ihr sichtbar schlechtgeht. Die Sekretärin an der Schule spendet Trost, der Schulleiter studiert gemeinsam mit ihr die Anzeigen in der

Zeitung, als sie ihre langjährige Lebensgefährtin verlässt und eine neue Wohnung sucht. Ein Stück Selbstverständlichkeit hilft ihr durch die schwierige Zeit. Das in den Jahren zuvor noch vermisste Interesse an dem, was in ihrem Leben passiert, wird jetzt für sie spürbar. Es begegnet ihr Tag für Tag, und es zeigt sich noch einmal besonders deutlich, als Bettina am Beginn des neuen Jahrhunderts einen Plan ins Auge fasst: Sie ist eine ausgezeichnete Tennisspielerin und möchte 2002 an den Gay Games in Sydney teilnehmen.

Ein Sabbat-Jahr soll es werden, zwölf Monate »Down under« und das globale lesbisch-schwule Sportevent mittendrin. Doch so klar wie das Ziel, so unklar bleibt über quälend lange Monate die Frage, ob sie es erreichen wird. Denn Bettina stellt den Freistellungsantrag zu spät. Den Bestimmungen nach kann das Sabbat-Jahr erst nach der Hälfte der fünfjährigen Laufzeit genommen werden. Bettina hätte normalerweise erst 2003 nach Sydney reisen können. Dann aber wäre der Schweiß der Akteure in Sydneys Stadien längst verdunstet gewesen, die Punkte vergeben, die Trophäen verteilt. Für Bettina steht daher vor dem ersten Aufschlag in der größten Stadt Australiens ein schwieriges Match mit der Schulbehörde. Sie erklärt ihre Lage, und der Verein, für den sie spielt, setzt extra ein hochoffizielles Schreiben auf. »Da stand drin, wie wichtig es für Berlin doch ist, dass ich da antrete.« Bettina lacht schallend über die dick aufgetragenen Formulierungen, aber sie freut sich auch über die wertvolle Unterstützung, die sich als ebenso hilfreich erweisen soll wie der Zuspruch des Schulleiters. Auch er insistiert bei den Behörden, die sportliche Lehrerin nach Australien reisen zu lassen. Das Beharren von allen Seiten zeigt die gewünschte Wirkung: Die Beamten geben nach, machen eine Ausnahme und genehmigen die vorzeitige Freistellung. »Und dann hat mir das Landesschulamt viel Erfolg bei den Gay Games gewünscht.«

Bettina ist 44 Jahre alt, als sie ins Flugzeug steigt, um mit anderen Lesben und Schwulen um Spiel, Satz und Sieg zu wetteifern. »Sag Bescheid, wann du spielst«, kommt es aus dem Kollegium und erneut auch aus dem Sekretariat. »Wir wollen doch vor dem Fernseher mitfiebern.« Ganz selbstverständlich geht man davon aus, dass globale sportliche Großereignisse live übertragen werden. Es ist die heterosexuelle Erfahrungswelt, die diese Annahme hervorbringt, und es ist Bettina, die Erwartungen dämpfen muss. »Ich glaube nicht, dass das gezeigt wird«, antwortet sie bedauernd, freut sich aber umso mehr über die allgemeine Fassungslosigkeit, die ihre Prophezeiung auslöst. »Das ist ja unerhört, wir wollen das doch sehen!!!« entrüstet sich der Schulleiter, und sowohl im Lehrerzimmer als auch im Sekretariat ist die Empörung groß. Es ist eine gute, eine wohltuende Erfahrung, und als sie im Vorfeld der Reise auch noch ihre neue Freundin kennenlernt, wird es für sie endgültig eine glückliche Zeit. »Allerdings bin ich dann kein ganzes Jahr in Australien geblieben. Frisch verliebt wie ich war, hat es sich dann immer weiter reduziert. Am Ende war ich nur drei Monate da unten.« Schneller als geplant kommt sie also zurück nach Berlin, aber sie kommt nicht ohne Lorbeeren im Gepäck. Mit dem Wissen um all jene, die ihr in Berlin die Daumen drücken, schlägt sie auf dem Tennisplatz so manches Ass. Zweimal Bronze bringt sie mit, im Doppel und im Mixed war sie mit anderen an der Seite kaum zu bremsen.

Gerade weil Bettina erlebt, wie wertvoll für sie die akzeptierende und positive Resonanz auf ihr Lesbischsein ist, findet sie eine fortschrittliche Gestaltung des Themas Homosexualität und gleichgeschlechtliche Lebensweisen im Rahmen des Unterrichts so wichtig. Der Lehrplan in Berlin ist im Vergleich zu anderen Bundesländern sehr fortschrittlich. In den Handreichungen zur Unterrichtsgestaltung in Biologie ist beispielsweise vorgesehen, dass Homosexualität ebenso wie Bisexualität einen eigenen Schwerpunkt bilden soll. Weiter enthalten sie die Vorgabe, mit den Kindern präventiv in Bezug auf sexuellen Missbrauch zu arbeiten. Natürlich handelt es sich dabei um zwei völlig getrennte Themenbereiche, aber die Unterrichtspraxis mancher Kolleginnen und Kollegen sieht ganz anders aus. In der zweiten und dritten Klasse liegt das Hauptaugenmerk ohnehin auf der Entstehung von Kindern. Hierzu wird mit einem »ganz gruseligen alten Schmöker« gearbeitet, und das ist alles. Es geht um Fortpflanzung, nicht um Sexualität, schon gar nicht um kindliche Sexualität, die anzusprechen gerade in der Prävention von sexuellem Missbrauch, nämlich in Abgrenzung dazu und unter dem Stichwort der körperlichen Selbstbestimmung einen wichtigen Unterrichtsaspekt bilden könnte. Stattdessen gibt es nur die Botschaft: »Jaaa, sooo seid ihr entstanden!« In der fünften und sechsten Klasse geht es dann stärker um Sexualität, wobei die Heterosexualität als Norm dargestellt und alles andere darum herumgruppiert wird: Ja, es gibt Homosexualität. Das ist nicht so schlimm. Dann gibt es noch sexuellen Missbrauch, das ist natürlich ganz furchtbar. So entsteht indirekt nicht selten eine verhängnisvolle Kopplung, die vom Lehrplan in keiner Weise so gedacht ist, sondern im Widerspruch zu dessen Intentionen steht.

Im Rahmen des Sexualkundeunterrichts, auf kleine Zettel geschrieben und anonym in einen Kasten gesteckt, tauchen regelmäßig auch persönliche Fragen an Bettina auf. »Sind Sie lesbisch?« ist immer dabei, und sie weicht der Antwort nicht aus. »Das kann ich klar und eindeutig mit ja beantworten«, sagt sie, und nach einer Redepause mit offenen Mündern gehen die Kinder ganz selbstverständlich mit ihrer Antwort um. »Wir haben Sie ja auch schon mit Ihrer Freundin gesehen, die hat eine Tochter, nich?« Natürlich wissen es längst alle in der Klasse, waren Bettinas Freundin und ihre Tochter doch oft genug im Rahmen von Feierlichkeiten in der Schule. Während die meisten Kinder keine Schwierigkeiten haben, ihre Lebensweise zu akzeptieren, bleibt bei anderen das Einverständnis auf ihre Person begrenzt. »Die lehnen zwar mich dann nicht ab, aber grundsätzlich finden sie das nicht in Ordnung.« Die Einstellung kommt aus den Elternhäusern. Bettina hat noch nie direkt negative Erfahrungen mit Eltern gemacht, aber sie glaubt schon, dass einige vielleicht etwas misstrauisch sind. »Man steckt ja nicht drin«, sagt sie, und es sind die Kinder, die spiegeln, wie das Klima zu Hause ist. Ein Schülerin erzählt Bettina dann auch, dass ihre Mutter nicht will, dass sie mehr Kontakt zu Bettina hat, als durch den Unterricht nötig. Andere dagegen rennen nach dem CSD begeistert auf sie zu: »Ich habe Sie im Fernsehen gesehen, bei diesem Umzug!«

Als Lesbe offen leben zu können schenkt Bettina eine Lebensqualität, die sie früher vermisst hat. »Dieses immer trennen und sich verbiegen, das ist ja unglaublich anstrengend. Es gibt ja viel, was man dann nicht erzählen kann, weil ja alles mit allem zusammenhängt.« Und weiter: »Was uns in Berlin natürlich nach wie vor sehr hilft, ist Herr Wowereit, der da absolut toll auftritt und präsent ist, ohne nun dauernd davon zu quaken. Das wäre ja auch peinlich. Aber dass er so selbstverständlich davon redet, hat viel bewirkt.«

Tommy muss eingeschlafen sein. Seit mindestens einer halben Stunde ist kein Laut mehr aus dem Pappverschlag gedrungen, auch die neugierigen Augen lugen nicht mehr daraus hervor. Die Stille fällt auf, als Bettina und ich das Gespräch beenden. Wir stehen auf und sehen nach, und tatsächlich atmet ein zusammengerolltes Bündel Fell gleichmäßig ein und aus. Es ist ein Behaglichkeit verströmender Anblick. Die kleine freche Lesbe träumt.

Quellennachweise

1 Shirley MacLaine in der Dokumentation *The Celluloid Closet – Gefangen in der Traumfabrik* (USA, 1995) über den Film *Infam* (1962), in dem sie eine Lehrerin spielt, die sich in ihre Kollegin verliebt und sich am Ende das Leben nimmt.

2 *Mit Spannungen leben*, Orientierungshilfe des Rates der Evangelischen Kirche Deutschlands, 1996, Online-Veröffentlichung ohne Seitenangabe.

3 Christina Sum, »Erfahrungen und Habituskonstruktionen lesbischer Lehrerinnen«, Diplomarbeit an der Pädagogischen Hochschule Freiburg, Fachbereich Erziehungswissenschaften, Freiburg, 2006.

4 Vladimir Špidla, EU-Kommissar für Beschäftigung, soziale Angelegenheiten und Chancengleichheit zum Europäischen Jahr der Chancengleichheit für alle 2007, Quelle: Europäische Kommission, 30.6.2006.

5 Dr. Larissa Klinzing, Mitglied des Geschäftsführenden Vorstands der GEW in: *Raus aus der Grauzone – Farbe bekennen*, ein GEW-Ratgeber zum Thema Lesben und Schwule in der Schule, Frankfurt am Main, 2005.

6 *Der Nordberliner*, Nr. 29/2006, S. 3.

7 Zitiert nach: *Siegessäule*, 09/2005, S. 114.

8 Ellen Bass und Kate Kaufman, *Wir lieben, wen wir wollen*, Orlanda Frauenverlag, Berlin, 1999, S. 156.

9 *Homosexualität und Schule – Eine Studie zu Einstellungen und Sichtweisen von 850 Jugendlichen zum Thema Homosexualität*, durchgeführt von der Projekt-AG Homosexualität und Schule an der Andreas-Oberschule (Gymnasium) in Berlin-Friedrichshain, Berlin, 2002/2003, S. 23.

10 Michael Scharmann: »Der Trend in Prozent«. In: *Lesbische und schwule Familien. Ergebnisse einer Befragung unter Lesben und Schwulen in NRW*, Hg.: Schwules Netzwerk NRW, Köln, o.J., S. 8/9.

11 Zitiert nach einem Auszug aus einem Gespräch mit Lukas Moodysson im Programm zur Aufführung von *Raus aus Åmål* am *Grips-Theater*, Berlin, o.J., S. 18.

12 Zitiert nach: Uli Streib Brzič und Stephanie Gerlach: *Und was sagen die Kinder dazu?* Querverlag, Berlin, 2005, S. 52.

Nützliche Adressen

Deutschland

Bundestreffen lesbischer Lehrerinnen
c/o GEW Stadtverband Essen
Schützenbahn 11-13
45127 Essen
Tel. (02102) 34578
www.bulele.de

GEW-Hauptvorstand
Bundes-AG Lesben und Schwule
Postfach 90 04 09
60444 Frankfurt/Main
Tel. (069) 789 73-304; -306
Fax (069) 789 73-103
lesbischwul@gew.de
www.gew.de/Lesben_und_Schwule.html

Lesbenring e.V. – Geschäftsstelle
Postfach 11 02 14
69071 Heidelberg
Tel./Fax (0441) 209 71 37
buero@lesbenring.de
www.lesbenring.de

Jugendnetzwerk Lambda e.V.
Windhorststr. 43 a
99096 Erfurt
Tel. (0361) 644 87 54
Fax (0361) 644 87 52
info@lambda-online.de
www.lambda-online.de

Lesben- und Schwulenverband
Deutschland (LSVD)
Bundesgeschäftsstelle
Postadresse:
Postfach 10 34 14 · 50474 Köln
Hausadresse:
Pipinstr. 7 · 50667 Köln
Tel. (0221) 925961-0
Fax (0221) 925961-11
lsvd@lsvd.de
www.lsvd.de

Internet-Seite für lesbische Lehrerinnen
und Lehramtsstudentinnen:
www.netziane.de

Schulprojekte

BERLIN
KomBi
Kommunikation und Bildung
im Kommunikations- und Beratungs-
zentrum homosexueller Männer
und Frauen e.V.
Kluckstr. 11
10785 Berlin
Tel.: (030) 215 37 42
info@kombi-berlin.de
www.kombi-berlin.de

BRAUNSCHWEIG
über das Gleichstellungsreferat
der Stadt Braunschweig
Tel.: (0531) 470-2100 oder
LSS_BS@yahoogroups.de
www.mitglied.lycos.de/projebs/

HANNOVER
schul.ag hannover
c/o Knackpunkt Hannover
Knochenhauerstr. 11
30159 Hannover
Tel. (0511) 353 99 766
schul-ag@web.de
www.schul-ag.de

DRESDEN
Gerede e.V. Dresden
Postanschrift:
Prießnitzstr. 18
01099 Dresden
Telefon: (0351) 802 22 51
Fax: (0351) 802 22 60
kontakt@gerede-dresden.de
www.gerede-dresden.de

FREIBURG
FLUSS e.V.
Hornusstr. 16
79108 Freiburg
Tel. (0761) 137 86 26
mail@fluss-freiburg.de
www.fluss-freiburg.de

MÜNCHEN
diversity München
c/o Glockenbachwerkstatt
Blumenstr. 7
80331 München
info@aufklaerungsprojekt.de
www.diversity-muenchen.de

NORDRHEIN-WESTFALEN
Schlau NRW – Schwul-Lesbische
Aufklärung in Nordrhein-Westfalen
c/o Schwules Netzwerk NRW e.V.
Lindenstr. 20
50674 Köln
Tel. (0221) 257 28 47
Fax (0221) 257 28 48
www.schlau-nrw.de
Regionale Gruppen in vielen Städten
Nordrhein-Westfalens

Schweiz

Lesbenorganisation Schweiz LOS
Postfach 455
3000 Bern 14
Tel. (031) 382 02 22
Fax (031) 382 02 24
PC 85-6671-0
www.los.ch

www.lesbian.ch
www.rainbowgirls.ch

Schulprojekte

BERN
ABQ Schulprojekt
Gleichgeschlechtliche Liebe
Postfach 506
3000 Bern 9
abq@abq.ch · www.abq.ch

LAUSANNE
La bussole
Case postale 1006
1001 Lausanne
laboussole@bluewin.ch
www.laboussole.ch

ZÜRICH
Homosexuelle Arbeitgruppen Zürich
u.a. Schulprojekt
www.haz.ch

Schulprojekt
Gleichgeschlechtliche Liebe leben
kontakt@gll.ch
www.gll.ch

Österreich

Magistrat der Stadt Wien
Wiener Antidiskriminierungsstelle
für gleichgeschlechtliche Lebensweisen
8., Auerspergstr. 15/21
Tel. (4000) 81449
Fax (4000) 99-81441
wast@gif.magwien.gv.at
www.magwien.gv.at/queerwien

www.hosi.at
Homosexuelle Initiativen in Österreich
Regionale Gruppen in Linz, Salzburg,
Tirol, Vorarlberg und Wien

Und ganz allgemein:

www.lesben.org – umfangreiche
für Lesben relevante Linksammlung

Wer sind Sie, Claudia Breitsprecher?

Woher kommen Sie?

In meinem Pass ist Dülmen im Münsterland als Geburtsort eingetragen. An diesen Ort habe ich kaum Erinnerungen, denn meine Familie ist in meiner Kleinkinderzeit mehrmals umgezogen. Als ich fünf Jahre alt war, kamen wir dann nach West-Berlin. Das war 1969, und weil wir im Moabiter Kiez wohnten, habe ich in meiner Kindheit die politischen Aktivitäten dieser Zeit buchstäblich vor der Haustür erlebt; Demonstrationen der 68-er-Bewegung, Straßenschlachten vor der Bank und Parolen an den Häuserwänden waren allgegenwärtig. Auch Lesbenzeichen, in lila gesprüht, begleiteten mich täglich auf dem Weg zur Schule, und als ich mit 15 das erste Mal in eine Frau verliebt war, hörte ich zufällig – und mit gespitzten Ohren! – aus irgendeiner WG im Hinterhaus die *Flying Lesbians* über den Hof schallen, während ich in der Badewanne lag: »Wir sind die homosexuellen Frauen«. Dieser Satz, »Das Persönliche ist politisch«, war für mich immer leicht nachzuvollziehen und hat mich auf besondere Weise geprägt. Wahrscheinlich habe ich auch deshalb Soziologie studiert, weil mich die Wechselwirkung zwischen Gesellschaft und Individuum besonders interessiert.

Wie leben Sie heute?

Ich lebe mit meiner Frau in einer gemeinsamen Wohnung in Berlin. Wir sind schon seit einer Ewigkeit zusammen, haben uns im Fußballverein kennengelernt, als ich 17 war. 2003 sind wir dann eine eingetragene Lebenspartnerschaft eingegangen. Dafür gab es einige sehr persönliche Gründe, und dazu kam, dass wir es irgendwie merkwürdig fanden, nach über 20 Jahren in rechtlicher Hinsicht praktisch wie Fremde zu gelten. Als frauenbewegte Damen haben wir uns natürlich schon die Frage gestellt, ob dieser Schritt nicht sehr konventionell ist. Eine Freundin, die aus einem bayerischen Dorf stammt, sagte dazu: »Dass ihr beide heiratet, kann gar nicht konservativ sein.« Wenn ich heute neue Kästchen in der Spalte »Familienstand« auf amtliche Formulare male oder daran denke, dass wir in Deutschland fast verheiratet sind, in Spanien ganz und in Polen gar nicht, dann weiß ich, wie recht sie hatte.

Beruflich habe ich lange nach so etwas wie einer Bestimmung gesucht. Mit dem Schreiben habe ich sie nun gefunden, eigentlich eher wiedergefunden, denn bereits als Kind habe ich Gedichte auf Notizblöcke gekritzelt und später über Romanstoffe nachgedacht. Aber die Warnung vor der »brotlosen Kunst« hatte diesen Weg gründlich verstellt. Erst als ich Mitte 30 war, habe ich ihn neu entdeckt und fühle mich damit sehr wohl, habe in einer Autorinnengruppe Frauen kennengelernt, mit denen ich mich regelmäßig über alle Belange schriftstellerischer Tätigkeit austausche, und bin Mitglied in der Autorinnenvereinigung, die 2006 gegründet wurde. Soweit meine Zeit es erlaubt, engagiere ich mich hier und freue mich über die Möglichkeiten, die diese Vernetzung allen Beteiligten bietet.

Wann schreiben Sie? Und unter welchen Bedingungen?

Ich bin eine sehr strukturiert arbeitende Frau und plane daher regelmäßige Zeiten zum Schreiben ein. Das klappt auch ganz gut, aber interessante Einfälle richten sich nicht nach dem Terminkalender. So kommt es schon vor, dass ich freitags abends denke, »morgen schläfst du mal richtig aus«, und am Samstag wache ich um sieben Uhr auf und habe eine Idee, die festzuhalten nicht warten kann. Das sind dann die Situationen, in denen ich drei Stunden die Tastatur bearbeite, ohne innezuhalten. An den Computer setze ich mich aber erst, wenn ich ungefähr weiß, was ich schreiben will. Solange ich noch dabei bin, eine Geschichte zu formen, brauche ich Stift und Papier und vor allen Dingen Luft, in die ich Löcher starren kann. Das gilt insbesondere für die Arbeit an einem Roman. Ein Sachbuch erfordert natürlich in mancher Hinsicht eine etwas andere Herangehensweise, aber Zeiten für Recherchen, Überarbeitung oder Korrekturen benötigt jeder Text.

Woher nehmen Sie Ihre Anregungen?

Die kommen ganz von selbst, wenn ich meine Umgebung beobachte. Und das tue ich eigentlich immer. Zu sehen und zu interpretieren, was ich sehe, ist mir als Soziologin in Fleisch und Blut übergegangen. Wenn ich beispielsweise joggen gehe, höre ich, worüber sich die Leute unterhalten, an denen ich vorbeilaufe, wie sie ihre Hunde beschwatzen, wie sie mit ihren Kindern reden oder sich streiten. Das ist oft sehr aufschlussreich. Die Ideen für Geschichten entstehen dann in entspannten Phasen. Im Sommer am Strand, im Winter bei Tee, Musik und einem Puzzle. Wie vor mir auf dem Tisch fügen sich dabei auch in meinem Kopf einzelne Szenen zu einem Ganzen zusammen, eines greift ins andere.

Was tun Sie, wenn Sie nicht schreiben?

Ich habe eine Teilzeitstelle in einem Bezirksbüro von Bündnis 90/Die Grünen. Die Tätigkeit dort führt mich weg von der oft einsamen Arbeit am heimischen PC, bringt mich in den Austausch mit anderen. Wichtig ist auch, dass sich der Job zeitlich flexibel gestalten lässt, ganz interessant ist und doch nicht so fordernd, dass der nötige Raum zum Schreiben verloren ginge.

Außerdem gehe ich, wie bereits angedeutet, dreimal in der Woche joggen, im Sommer auch schwimmen, und ich gehe gerne ins Kino. Dabei freuen mich vor allem kleine, intelligente Filme, wie sie oft im Rahmen von Festivals gezeigt werden, und natürlich solche mit einer kompetenten Heldin. Es dürfen auch gern zwei sein.

Was lesen Sie selbst am liebsten?

In den letzten Jahren habe ich mich besonders für die Bücher von Michael Cunningham und Karen Duve begeistert. Beide schaffen es unglaublich schnell, mich als Leserin für das Schicksal ihrer Figuren zu interessieren, mich mit ihnen fühlen zu lassen. Und dann bleibt es natürlich spannend, dazu brauche ich keinen Krimi mit Mord und Totschlag. Schön ist es auch, Romane weniger bekannter AutorInnen zu entdecken. *Das haarige Mädchen* von Heidi von Plato beispielsweise ist ein echter Geheimtipp für alle, die sich für Geschichte interessieren und für ungewöhnliche Schicksale. Ich bin auf das Buch aufmerksam geworden, weil ich eine Lesung der Autorin moderiert habe. Es hat mich schon nach wenigen Seiten gefesselt, weil es wunderbar und mit viel Liebe zum Detail geschrieben ist.

Was wünschen Sie sich für die Zukunft?

Ganz allgemein vor allem eine friedlichere Welt, Regierungen, die ihre Macht nicht dadurch zu vergrößern suchen, dass sie die Kulturen auseinanderdividieren, Menschen, die sich dafür nicht gewinnen lassen. Das ist natürlich an dieser Stelle ziemlich verkürzt gesagt, führt aber letztlich wieder zum Ausgangspunkt zurück: *Stell dir vor, es ist Krieg, und keiner geht hin.* Es steckt eben so drin.

Persönlich träume ich gerade von einem Häuschen irgendwo in der Abgeschiedenheit, nicht um dort zu leben, sondern um mich immer einmal wieder für einige Wochen dorthin zurückziehen und ohne Ablenkungen ganz auf das Schreiben konzentrieren zu können. Es darf auch eine Hütte sein … eine Laube … in Griechenland, in Schweden, in Brandenburg. Immerhin, bei Virginia Woolf war es noch ein Zimmer – die Ansprüche sind gewachsen in den letzten 80 Jahren. Machen wir also weiter …

Breitsprecher, Claudia:
Bringen Sie doch Ihre Freundin mit! –
Gespräche mit lesbischen Lehrerinnen
ISBN 978-3-930041-57-2
Originalausgabe / Alle Rechte vorbehalten
© 2007 Verlag Krug & Schadenberg, Berlin / 1. Auflage 2007
Gestaltung und Satz: Grafikbüro Schadenberg, Berlin
Coverfoto: © Plainpicture
Druck: Clausen & Bosse, Leck

Wir schicken Ihnen gern unser kostenloses Gesamtverzeichnis:
Verlag Krug & Schadenberg, Hauptstr. 8, 10827 Berlin
Tel. (030) 61 62 57 52, Fax (030) 61 62 57 51
info@krugschadenberg.de, www.krugschadenberg.de